学校図書館サービス論

現場からの報告

後藤 敏行

樹村房

序　文

　学校司書は，学校図書館法（1953（昭和28）年制定）6条において「学校図書館の運営の改善及び向上を図り，児童又は生徒及び教員による学校図書館の利用の一層の促進に資するため，専ら学校図書館の職務に従事する職員」と定められるものである。2014（平成26）年の改正によって，同法に初めて位置づけられた。

　学校司書の資格・養成などのあり方について一定の指針を得るために，2015年に設置された「学校図書館の整備充実に関する調査研究協力者会議」は，『これからの学校図書館の整備充実について（報告）』（2016年）[1]の中で，学校司書が学校図書館で職務を遂行するに当たって履修していることが望ましいものとして，10科目20単位から成る学校司書のモデルカリキュラムを示した。

　モデルカリキュラムでは，ほとんどの科目が司書や教職課程，司書教諭の資格取得のための科目と読み替え可能である（＝司書や教職課程，司書教諭の資格取得のための科目の一部ずつを履修すれば，モデルカリキュラムの科目を履修したことになる。ただしそれらの科目は，モデルカリキュラムが定める内容を含んだものでなければならない[2]）。そうでない唯一の科目が「学校図書館サービス論」であり[3]，学校図書館における児童生徒や教職員へのサービスの考え方，各種サービス活動

1　学校図書館の整備充実に関する調査研究協力者会議『これからの学校図書館の整備充実について（報告）』2016年，36p. http://www.mext.go.jp/component/b_menu/shingi/toushin/__icsFiles/afieldfile/2016/10/20/1378460_02_2.pdf，（参照 2018-07-08）．

2　上記脚注1の文献，および次の文献を参照。
小田光宏「学校司書モデルカリキュラム運用における課題」『図書館雑誌』2017年，vol. 111, no. 7, p. 432-435.

3　ただし厳密には，本科目は司書資格の科目の選択科目「図書館基礎特論」または「図書館サービス特論」として開講することが可能であるとされている（上記脚注1の文献 p. 20）。そのため，「司書の資格取得のための科目を履修した結果，本科目を履修したことになった」という場合はありうる。

についての理解を図ることをねらいとしている。

　本書は，同科目の教科書・参考書になることを意図している。また，現職の学校司書や学校関係者，および他館種の図書館員が，学校図書館サービスについて改めて学び，考える一助にもなるはずである。

　本書の特色は，既存のさまざまな文献の議論やデータだけでなく，計6人の現職の学校司書や教員に対して行った取材に基づき，学校図書館の実務の実際を反映している点にある（各位の発言は，個人の意見や経験であり，勤務校を代表するものではない）。

　そのこともあって，本書は，「絵に描いたような理想的な学校図書館」を夢想するものではない。リアルな学校図書館サービス——予算や時間，人的リソースの制約がある中で，現場の学校司書たちは何をしているか，何をしたいと思っているか，何をできるか，何をすべきか——を述べるものである。

　本書の位置づけに関して，さらに明記しておく。モデルカリキュラムの中でも，「学校図書館サービス論」のテクストは，書こうと思えばどこまでも細部まで書けてしまう。悩ましいところだったが，本書は，抽象的なサービス論と現職者用の実務マニュアルの，いわば中間を取ることにした。学生だけでなく現職者も本書は対象読者にしている旨を上で述べたが，左記のとおり，業務マニュアルとは趣旨が異なるので留意してほしい。

　本書は，基本的にはモデルカリキュラムに準拠しているが，「教職員への支援」の単元は「児童生徒への学習支援」の章に収めた。教員への学校図書館利用のガイダンス（本書第4章1），教員とのコミュニケーション（本書第4章2），教員からの資料相談（本書第5章3）など，関連する話題を論じた箇所がほかの章にもある。また，「学校図書館の環境整備」と「広報・渉外活動」の単元をまとめてひとつの章にした。

　第2章，第5章，第6章，第7章，および終章の「学校司書をめざす人へ」の章末に演習問題を設けた。読者が自主的に取り組む，授業担当者が大学の講義内で課す，あるいは演習問題の中からいくつかを取り上げて期末レポート課題にするなど，必要に応じて活用してほしい。

　取材の進め方は次のとおりであった。すなわち，2017年7月から9月に，出

版社の編集者に同行いただき，著者が各学校を直接訪問し，さまざまな資料・統計や学校図書館の施設・設備などを確認しながら，「学校図書館サービス論」の各項目について取材協力者に実務の実際を伺った。

　本書の執筆に当たり，ご多用の折，取材をお引き受けくださった方々，ならびに関係各位に心から御礼申し上げます（以下，所属などは取材実施時点，または写真提供時点）。

　相澤めぐみ 様（荒川区立第六瑞光小学校 学校司書，日本学校図書館学会 研究連携
　　委員）

　尾﨑友絵 様（西東京市立ひばりが丘中学校* 学校司書）
　　　*2017年度 子供の読書活動優秀実践校
　　　2016年度 東京都言語能力向上拠点校

　清水由紀乃 様（杉並区立井荻中学校* 学校司書）
　　　*2015年度 子供の読書活動優秀実践校
　　　2012～2014年度 東京都言語能力向上推進校・拠点校

　石黒順子 様（埼玉県立越ヶ谷高等学校* 学校司書，日本図書館協会学校図書館部会
　　幹事）
　　　*2014～2016年度 学校進学力パートナーシップ推進事業指定校（ビブリ
　　　オバトルの活用など）

　小滝義浩 様（東京都立墨東特別支援学校* 副校長）
　生井恭子 様（東京都立墨東特別支援学校* 主任教諭）
　　　*2016年度 文部科学大臣優秀教職員表彰校（読書活動の実践）
　　　2015年度 子供の読書活動優秀実践校
　　　2012～2014年度 東京都言語能力向上拠点校

　木下通子様（埼玉県立浦和第一女子高等学校 学校司書）には，ブックコート（ブッカー）の写真（本書第2章4），LibraryNAVI（ライブラリー・ナビ）の写真（本書第5章「パスファインダーなど」）をご提供いただきました。

　埼玉県立春日部女子高等学校様，新潟市立図書館様には，それぞれ，

LibraryNAVI の写真，パスファインダーの写真（本書第 5 章「パスファインダーなど」）の掲載をお認めいただきました。

　前著『学校図書館の基礎と実際』に引き続き，本書の企画から出版まで，樹村房の大塚栄一様，石村早紀様には，的確なアドバイス，激励，お心遣いを頂き，多大なお世話になりました。

　皆様に心から感謝申し上げます。

　2018年 9 月

後藤敏行

目　次

第1章

学校図書館サービスの考え方と構造

1. 本書の守備範囲

　一般に，図書館のサービス（図書館サービス）は，利用者に対する直接的なサービスであるパブリックサービス（利用者サービス，直接サービスとも）と，それを支えるテクニカルサービス（整理業務，間接サービスとも）とに分けられる。前者だけを指して図書館サービスと言う場合もある。前者の例として，図書館資料（以下，できる限り，本書では図書館資料を単に「資料」と表記する）の貸出（本書第5章1），レファレンスサービス[1]，図書館行事の開催（本書第6章1）などが挙げられる。後者には，選書，目録（タイトルや著者などを記録し，資料を検索できるようにするもの）や分類記号（本書第2章1）の付与，蔵書印の押印，図書ラベルの 貼 付 などがある。
<small>ちょうふ（てんぷ）</small>

　本書は科目「学校図書館サービス論」のテクストであるが，学校図書館のパブリックサービスを同科目は守備範囲にしている。もっと正確に言うと，レ

1　レファレンスサービスとは，「中・高校生が主役の小説で，2018年以降に刊行された，国語の教材としても使えそうなものはないだろうか」，「『アルプスの少女ハイジ』の原書（ドイツ語）を所蔵しているか」，「日本における最古の「広告」はどのようなものか」といった利用者からの質問に図書館員が回答するサービスである。科目「学校図書館情報サービス論」や「学習指導と学校図書館」で詳しく扱う。なお，学校司書のモデルカリキュラムでは，司書資格の科目「情報サービス論」または「情報サービス演習」と「学校図書館情報サービス論」を一定の条件下で読み替え可能としているため，実際の科目名は大学によって異なる可能性がある。

ファレンスサービスを中心とする情報サービスは科目「学校図書館情報サービス論」や「学習指導と学校図書館」で詳しく扱うので，学校図書館のパブリックサービスのうち，それ以外のものを本書で解説する。ただし，レファレンス協同データベースについては，記録・統計に関する話題として本書第3章3で，読書相談（本書では資料相談という表現を用いる）――辞書的には，レファレンスサービスとは区別されることが多い[2]――については本書第5章3で，それぞれ説明している。

　本書はさらに，テクニカルサービスの一部も扱っているが（本書第2章4など），学校司書のモデルカリキュラムに準じてそうしている。そうした内容を扱う場合も，できる限り，「利用」や「利用者」という視点から論じている。

　モデルカリキュラムには「児童生徒に対する教育支援に関する科目」として3科目が設置されており，その中に「学習指導と学校図書館」（学習指導における学校図書館資料活用についての理解を図る科目）や「読書と豊かな人間性」（児童生徒の発達段階に応じた読書教育の理念と方法の理解を図る科目）がある。「学校図書館サービス論」の内容には，それら2科目でさらに詳しく扱うものもある。その意味で，「学校図書館サービス論」はモデルカリキュラムの中でパブリックサービスに関する概論的な位置にある，と考えることができる。なお，テクニカルサービスは科目「図書館情報資源概論」や「情報資源組織論」，「情報資源組織演習」で，それぞれ詳しく扱う。

　筆者は別の著作で，図書館とはそもそも何を目的とする機関か，学校図書館の理念と教育的意義，それらに関する全国組織や国際組織の文書，学校図書館に関する法律や教育行政，学校図書館の経営，および学校図書館サービスを担うスタッフなどについて論じた。学校図書館サービスの背景を学ぶために，関

2　図書館用語辞典編集委員会編『最新図書館用語大辞典』柏書房，2004年，p. 370.
　　日本図書館協会用語委員会編『図書館用語集』4訂版，日本図書館協会，2013年，p. 217.
　　日本図書館情報学会用語辞典編集委員会編『図書館情報学用語辞典』第4版，丸善出版，2013年，p. 171.
　　上記の辞典類に対し，読書相談をレファレンスサービスの一部に含める考え方もある。
　　山本順一編著『学校経営と学校図書館』第2版，学文社，2008年，p. 133.

心のある読者はぜひ参照してほしい[3]。

2．学校図書館サービスの多面性

　本書の目次を見てほしい。本章ののち，学校図書館の環境整備，広報・PR 活動，運営について見たうえで，資料・情報の提供や，利用者（児童生徒および教員）への種々の支援やかかわりについて述べる。公共図書館の専門的職員である，司書の資格取得のための科目「図書館サービス概論」の教科書の構成とあまり変わらないかもしれない。

　ところが学校図書館サービスには，「これさえ押さえておけばサービスについて理解できるし，実践もしやすい」という原則がひとつだけあるのではない。そうではなく複数ある（公共図書館におけるサービスの理解や実践も一筋縄ではいかないが）。

　例えば，学校図書館は学校の中にある図書館である。図書館である以上，児童生徒の読書の自由やプライバシーは守られなくてはならない（ただし，本書第5章脚注2参照）。同時に，学校の一部である以上，児童生徒に対するサービスは単なるサービスでなく，指導でもある。有益だと判断する場合，児童生徒が要求するものに加えて，ほかの資料や情報を提供することもある。この点について，本書の取材協力者は次のように述べている。

> 　私は学校司書になる前，公共図書館に勤務した経験もあります。学校図書館は，児童生徒への教育に寄与するという面がすごく大きいと感じています。「ご自由にお好きな本[4]をどうぞ」だけじゃないんです。学校司書は

3　後藤敏行『学校図書館の基礎と実際』樹村房，2018年，156p.
4　本，書物，書籍などの表現はほぼ同義であるが，図書館用語としては「図書」が用いられる場合が多い。
　本書では原則として，取材時の口調や臨場感を再現するために，取材協力者の発言箇所では「本」を用いる。それ以外の箇所では「図書」を用いる。
　図書館には雑誌や新聞など，図書以外のものもある。それらを総称する場合は「資料」を用いる。

教員ではないですが，「児童がより良く成長したり，より良く生きるために，彼ら・彼女らにかかわる大人として何ができるか」ということを考えながら仕事をしています。

　公共図書館だと，日常業務でそこまでは求められません。あくまでも，利用者個人の主体的な意思で図書館を使いますよね。

　でも学校では，「これぐらいの歳の児童に，これぐらいのことは身につけさせたい」ということも忘れてはいけません[5]。学校司書は，教育現場にいる人間なのだという自覚や，学習指導要領や児童生徒の発達段階について知識があることが必要だと思いますね。

　児童の意思に寄り添うだけじゃなくって，彼ら・彼女らの成長のために，こちらからも，彼ら・彼女らが望んでいること以上のものを与えて底上げする，ということを意識しています。学校図書館で活動することによって成長できるっていうことを，児童は必ずしも意識しなくてよいですが，自然とそうなるように，と思っています。(相澤氏)

　また，学校図書館の目的もそもそも単一ではなく，大きく分けて2つある。学校の教育課程の展開に寄与すること，および，児童生徒の健全な教養を育成することである（学校図書館法2条）。2つの目的を受けて，学校図書館は学習情報センターであり，読書センターであると表現されることが多い（本書第6章冒頭。ただし，目的が2つあると言っても，「両者は根本において離れるものでなく，図書館資料の上からも一線を引きえないものが多い[6]」という指摘にも留意しておきたい。また，最近の文献では，学習情報センターと読書センターの2分法ではなく，学校図書館は学習センターであり，情報センターであり，読書センターであるという，3分法で整理されることも多い）。

　さらに，学習情報センター，および読書センターという位置づけのほかに，

5　この発言に関連して，筆者の別の著作で紹介した，「図書館教育全体計画」なども参照。後藤敏行『学校図書館の基礎と実際』樹村房，2018年，p. 57-63.

6　新井恒易「学校図書館法の解説」『新しく制定された重要教育法の解説』東洋館出版，1953年，p. 15.

「一時的に学級になじめない子供の居場所となり得る[7]」ともされている。この点に関連する，本書の取材協力者の発言を以下に記す。

> 生徒たちは難しい年齢だと思いますが，あまり子どもっぽく扱わないというか，対等の人間として話をする気持ちでやっています。
>
> 私は先生ではないですし，親でもないです。もちろん「返却期限を過ぎたものは返しなさい」というようなことは言いますが，人間としてどっちが上とか，そういうスタンスで生徒と接してはいません。
>
> 学校図書館は先生方と違って，評価したり，何かにつけて駄目って言わないような場所だったりするから，生徒の息抜きの場と言うか，居場所になっている面はあります。親にも先生にも言わないようなことを，生徒が私にポロッと話すこともあります。（清水氏）

　図書館でもあり，学校の一部でもある。教育課程の展開に寄与することや，児童生徒の健全な教養を育成することが要請されている。さらに，居場所としての機能を求められることもある。もっと言えば，児童生徒と一口に言っても，小学１年生と高校３年生は多くの点で別物であり，発達段階に応じた対応が求められる。このように，複数の視点や役割が交差する場が学校図書館であることを前提に，そこで展開されるサービスを考える必要があるように思われる。

7　文部科学省『子供の読書活動の推進に関する基本的な計画』2018年，p. 23. http://www.mext.go.jp/b_menu/houdou/30/04/__icsFiles/afieldfile/2018/04/20/1403863_002_1.pdf，(参照 2018-07-08).
　後藤敏行『学校図書館の基礎と実際』樹村房，2018年，p. 88.
　後藤敏行『図書館員をめざす人へ』勉誠出版，2016 年，p. 138-140.

第2章

学校図書館の環境整備，広報・PR 活動

1．利用案内

　利用案内という言葉は，印刷物を意味する場合も，学校図書館サービスとしての利用案内（ガイダンスなど）を指す場合も両方あるが，本節では前者について解説する。後者については本書第4章で扱う。本書第5章以降で，実質的に後者の説明になっている箇所もある。

　利用案内には，例えば次のような内容を記載する。

- 開館時間。
- 配架図や館内案内図。どこに何が置いてあるか，どこに何があるかを図示する。
- 所在記号（請求記号）の説明。所在記号（請求記号）とは，分類記号（資料の主題を表すための記号。主に数字やアルファベットが用いられる。「主題」については本章2）や図書記号（同一分類記号を有する資料の間に配列順序をつけるための，著者やタイトルなどを表す記号）などから成るものであり，通常，ラベルに書き込まれ，資料の背に貼付される（図2-1）。以上述べたことに関する知識は，図書館員に必須のものであり，学校司書のモデルカリキュラムでは，科目「情報資源組織論」や「情報資源組織演習」で詳しく扱う。所在記号や関連事項（日本十進分類法（Nippon Decimal Classification: NDC）も含む。NDC とは，わが国のほとんどの図書館が

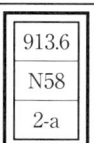

913.6	…1段目は分類記号。別置記号も付与されうる（別置については本章2）
N58	…2段目は図書記号（著者記号や著作記号など）
2-a	…3段目は補助記号（巻次記号や複本記号など）

図2-1　図書の背表紙のラベルの例

　採用している標準分類法であり，やはり科目「情報資源組織論」や「情報資源組織演習」で詳しく扱う）を，児童生徒の発達段階に応じた仕方で説明する（図2-2〜2-7参照）。

- 学校図書館の利用法。貸出・返却や予約の方法，貸出冊数・期間，リクエスト（図書館にない資料を購入してほしいという利用者からの要望を受け付けること。図書館の資料収集方針や予算を考慮して，購入するかどうかを検討する）や督促（返却期限を過ぎても利用者が資料を返さない場合，返却を促すこと。本書第5章1）について。

　利用案内は，児童生徒一人ひとりに配布するだけでなく，図書館内に大きく見やすく掲示をしてもよい（写真2-1参照）。児童生徒が内容をよく理解することや，貸出冊数・期間などの説明に学校司書がカウンターで時間を取られるのを防ぐことに役立つ。本書の取材協力者は次のように述べている。

　利用案内を配ったそのときはみんな分かった気になってるんですけれども，実際すぐ忘れちゃう。「何冊借りられるんですか？」とか，「いつまで借りられるんですか？」ってしょっちゅう聞かれちゃうので，こりゃ駄目だと思ってカウンターの後ろに貼ったんです。「何冊ですか？」，「いつまでですか？」と聞かれたときは「ここに書いてあるよ」って答えます。（石黒氏）

学校図書館のきまり（2年・3年・すうれん）

1. 図書館でできること、してよいことに ○をつけましょう。

- 本を読む
- 本で調べる
- 大きな声で話す
- へやを走る
- 本をかりる
- 読み聞かせを聞く
- 本をひとりじめする
- きれいな手でさわる
- 歩きながら読む
- いすを中に入れる
- 消しゴムのかすをつくえやゆかに…手で…

2. 本の正しい使い方に ○をつけましょう。

- 文字やせんを書きうつする
- 色をぬったりする
- 正しい場所にもどす
- スピンをしおりのかわりにはさんで返す
- やぶれたらセロハンテープをはる
- 本の上の方をおして取り出す
- 読みかけのときはふせる

3. 本をかりてみましょう。

- ○かりられるとき・・・中休み、昼休み、図書の時間、学校司書がいるとき
- ○かりられるさっ数・日数・・・一人 [　]さつまで、[　]週間

本のかり方

① 本をえらぶ。（わからないことは、学校司書に相談しましょう。）
② カウンターにかりる本を持って行き、「□年　自分の名前です。」かります、と言って、手つづきをしてもらう。
② 読書のきろくを書く。

本のかえし方

① カウンターに本を持って行き、「返します」と言って、手つづきをしてもらう。
② 本を元の場所へもどす。
※ 元の場所がわからない時は、図書委員や先生に返してもらいましょう。

- 図かん・辞典・辞書など、禁帯出の赤いシールの本は、他の人にかしてもらえません。かりられません。
- かりた本は、きげんまでにかえします。他の人にかしてはいけません。
- なくしたり、よごしたりした場合は、すぐに先生にれんらくします。
- 読み終わらない場合は、カウンターに本を持って行き、「えん長」してもらいましょう。予約の人がいなければ、もう1週間かりられます。

予約のしかた

○かりたい本が他の人にかりられているときは、「予約」をすることができます。

① カウンターで予約カードをもらう。
② クラス、自分の名前、本の名前を書く。
③ 本の用意ができたら、図書館かられんらくが来る。
④ 図書館のカウンターにかりにいく。

図2-2　小学校の利用案内　2～3年生・特別支援学級用（オモテ）

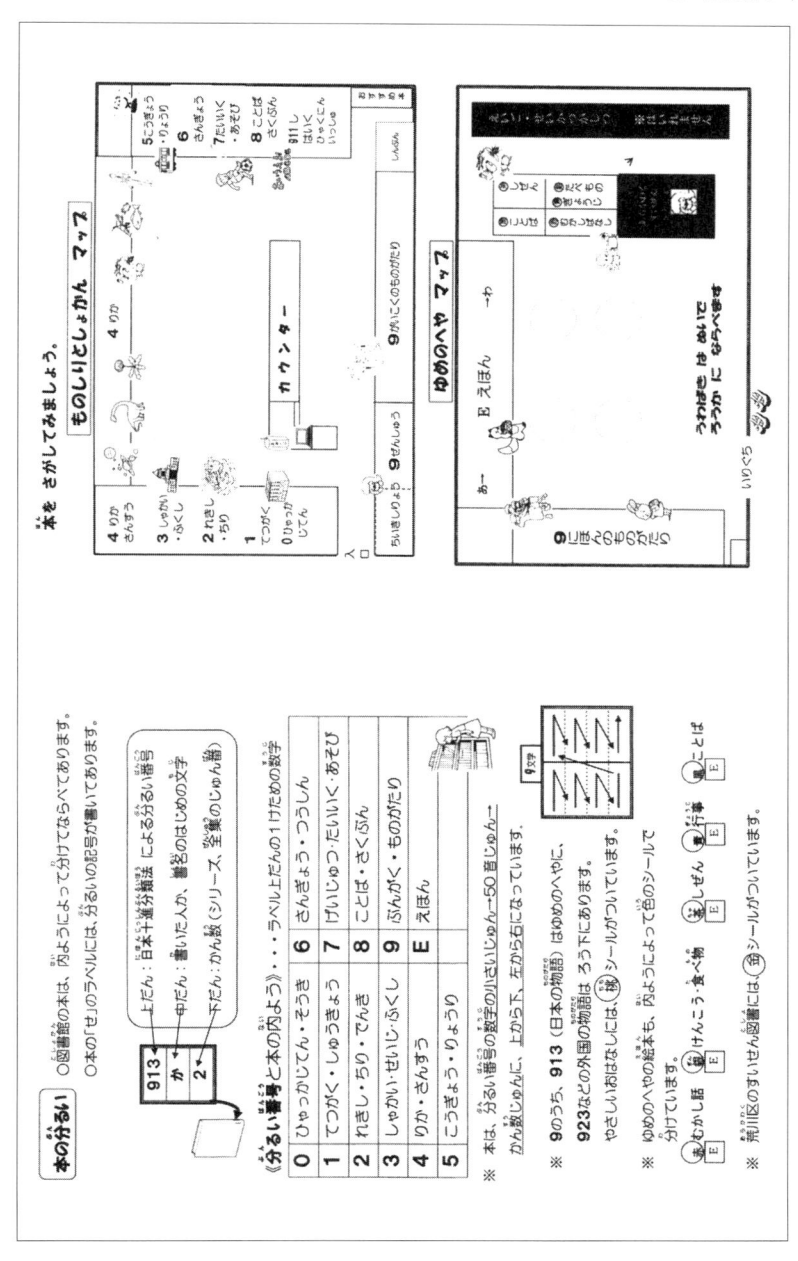

図2-3　小学校の利用案内　2～3年生・特別支援学級用（ウラ）。「ゆめのへや」では、外部講師がストーリーテリング（本書第5章2）を行うなどしている

学校図書館のきまり（4～6年）

1. 図書館のマナーとして良いと思うものに〇，良くないと思うものに×をつけましょう。

① （　）大きな声で話したり，走り回ったりする
② （　）席を立つときは，いすを机の中に入れる
③ （　）本をひとりじめして読む
④ （　）消しゴムのかすを，机やゆかに捨てる
⑤ （　）本を勝手に持って行く

2. 本の正しい使い方に〇，正しくない使い方に×をつけましょう。

① （　）きれいな手でさわる
② （　）文字や線を書いたり，色をぬったりする
③ （　）破れたらセロハンテープで直す
④ （　）両の上の方をおして取り出す
⑤ （　）通やろうを歩きながら読む
⑥ （　）スピンを「」の字ではさんで返す
⑦ （　）本の上にノートやプリントを置いて書く

3. 本を借りてみましょう。

〇借りられるとき・・中休み，昼休み，図書の時間，学校司書がいるとき
〇借りられる冊数・日数・・・・・・ [　]冊まで，[　]週間

本の借り方

① 本を選ぶ。（わからないことは，学校司書に相談しましょう。）
② カウンターに借りる本を持って行き，「[　]年 自分の名前です。かります」と言って，手続きをしてもらう。
③ 読書の記録を書く。

本の返し方

① カウンターに本を持って行き，「返します」と言って，手続きをしてもらう。
② 本を元の場所にもどす。
※ 元の場所がわからない時は，図書委員や先生に手伝ってもらいましょう。

〇図かん 辞典 辞書など（背表紙の赤いシール）の本は，借りられません。
〇借りた本は，期限までに返します。他の人に貸してはいけません。
〇なくしたり，よごしたりした場合は，すぐに先生に連らくします。
〇読み終わらない場合は，カウンターに本を持って行き，「延長」して もらいましょう。予約の人がいなければ，もう1週間借りられます。

予約のしかた

〇借りたい本が他の人に借りられているときは，「予約」をすることができます。

① カウンターで予約カードをもらう。
② クラス，自分の名前，本の名前を書く。
③ 本の用意ができたら，図書館から連らくが来る。
④ 図書館のカウンターに借りに行く。

図2-4　小学校の利用案内　4～6年生用（オモテ）

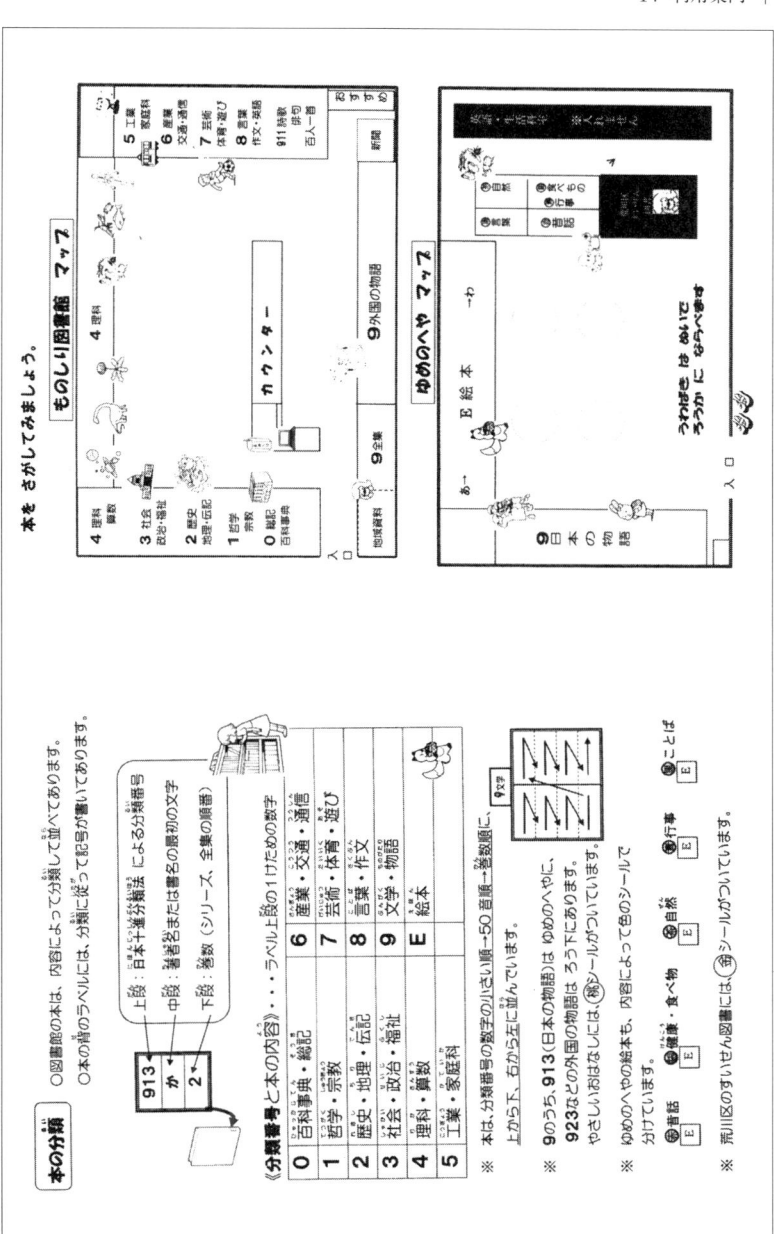

図2-5　小学校の利用案内　4〜6年生用（ウラ）。[ゆめのへや] では、外部講師がストーリーテリング（本書第5章2）を行う などしている

平成29年度
井荻中学校図書館
利用案内

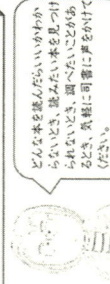

開館時間
昼休み　13:10～13:30
放課後　学活終了後～17:00

図書館利用規則
1. 返却期限を守る。
2. 静かにする。
3. 本を大切に扱う。

貸出
一人5冊まで2週間

返却

貸出予約
必ず司書か図書編集委員に手渡す。
○借りたい本が貸し出し中のとき予約することができます。
○カウンターの「貸出予約用紙」に記入して司書に渡してください。
○本の用意ができたらお知らせします。
○お知らせから1週間以内に借りに来ないと、かった場合は次の予約者に貸し出すか、書架に戻します。

督促（とくそく）
○返却期限を過ぎても返却されない場合は「督促状」を渡します。速やかに返却してください。
○督促状に返した本や、借りていない本があったらすぐに司書に伝えてください。

購入リクエスト
○図書館にない本で、置いてほしい本があったら「リクエスト用紙」に必要事項を書いて司書に提出してください。
○先生方と相談の上、購入の判断をします。

※本を失くした場合や、著しく汚したり壊したりした場合はその本と同じ本を買って返却してもらいます。

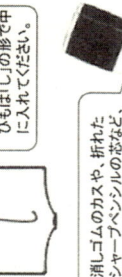

本を返すとき、しおりひもはL字の形で中に入れてください。

消しゴムのカスや、折れたシャーペンのシンのかすなど、ゴミは集めてゴミ箱へ！

図書館には本以外にも…
☆新聞3か月分
☆朝日・東京・毎日・読売、朝日中高生新聞
☆雑誌
　ジュニアエラ、ナンバー、ニュートン
☆インフォメーションコーナー
　図書館、博物館、団体などの催しや公募の情報
☆本に関する情報コーナー
　新聞や雑誌に載った本に関する情報
☆井荻中生の作文
　意見文や体験リポートなど

などがあります。

■図書館でできること■
○本や新聞・雑誌を読む。
○調べ物をする。
○勉強や宿題をする。
○「何か面白い本ないかな」とぶらぶらする。→「ブラウジング」と言います。
○リラックスする。

どんな本を読んだらいいかわからないときや、読みたい本を見つけられないとき、調べたいことがあるときなど、気軽に司書に声をかけてください。

学校司書　清水

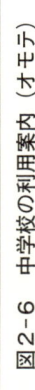

図2-6　中学校の利用案内（オモテ）

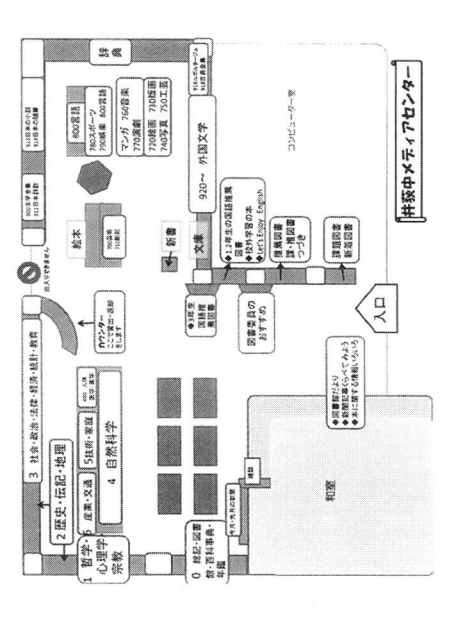

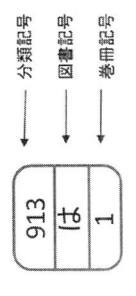

図2-7　中学校の利用案内（ウラ）

越高図書館にようこそ！

図書館利用ガイド 2017

越高図書館は、読書・学習・行事・部活など、
越高生の高校生活をサポートします。

開館時間：平日8：40〜16：50
○学校の課業日に開館します。
○長期休業中は開館日の変更を掲示します。
○自習室利用は 19:00 まで。（4月中旬〜1月中旬）

越高図書館の紹介

蔵書数：　51,079 冊　（2017 年 3 月末現在）	
座席数：大机 6 人用×9＝54 席	
個人机：10 席　ソファ有　　合計 64 席	
設備：エアコン　ファンヒーター	
パソコン：蔵書検索用：1 台　インターネット用：2 台	
図書管理用：2 台	

＜貸出の多かった本＞　2016 年度

①東洋大学 2017（入試問題）	21 回
②文教大学 2017（入試問題）	18 回
③キングダム 1〜45 巻（マンガ）	18〜11 回
③法政大学・日本大学 2017（入試）	18 回
④君の膵臓がたべたい（住野よる）	17 回
⑤立教大学・國學院大學 2017（入試）	16 回
⑥学年ビリのギャルが 1 年で偏差値を 40 上げて慶應大学に現役合格した話	15 回
⑥青山学院大学・成城大学 2017（入試）	15 回
⑦声の形 3〜4、文豪ストレイドッグス 6（マンガ）	14 回
⑦コンビニ人間（村田沙耶香）	14 回…

＜貸出統計＞　2016 年度

貸出冊数　　11、046 冊（2015 年度 7、625 冊）	
生徒一人当たりの貸出冊数 9.4 冊（〃　 6.4 冊）	
登録率（一冊以上借りた人）78.0%（〃　73.5%）	
購入冊数（1 年間）　　1110 冊	
予約・リクエスト受付　　150 件	

購入雑誌・新聞一覧　◇最新号以外は貸出します。（毎週木曜日にまとめて配達されます）

時事	AERA（アエラ）	音楽	Rockin'on JAPAN	ＴＶ	ザ・テレビジョン
時事	ニューズウィーク日本版	美術	美術手帖	映画	SCREEN（スクリーン）
時事	新聞ダイジェスト	家庭	オレンジページ	アニメ	NewType（ニュータイプ）
受験	蛍雪時代	料理	きょうの料理ビギナーズ	出版	ダ・ヴィンチ
国語	文芸春秋	保健	きょうの健康	沖縄	うちな
数学	大学への数学	スポーツ	Number（ナンバー）		
理科	NEWTON（ニュートン）	経済	日経エンタテインメント	新聞	朝日・読売・毎日・日刊スポーツ
社会	ナショナルジオグラフィック	ファッション	non・no（ノンノ）	新聞	日本経済・埼玉（前日）
英語	English Express	ファッション	Mens non・no（メンズノンノ）	英字	週刊 ST・TheJapanTimes

✱ 「探している本が見つからない」「どの本で調べたらいいの？」「何か面白い本ある？」など、
　わからないことがありましたら、何でも司書に聞いてください。　　　（司書　石黒順子）

図2-8　高等学校の利用案内（オモテ）

館内で本を見る時は、自由にどうぞ。

- ●図書館の本は、日本十進分類法に従って**分類番号（背ラベルの番号）**順に並んでいます。
- ●本はジャンルごとにまとまって並べられているので、必ず元の場所に戻しましょう。

貸出・返却の手続きはカウンターで。返却はポストでもＯＫ。

- ●図書委員か司書が対応します。（氏名→本→完了の順でバーコードを読み取ります。）
- ●係が不在時の貸出は、カウンターの用紙に、氏名と本のバーコード番号を記入してください。
- ●閉館時の返却は、廊下にある**返却ポスト**に入れてください。

利用者ＩＤ番号↓（カウンターで保存）　　本の登録番号↓（本の背表紙に貼付）

久伊豆　越子

170369　1-8-42

越ヶ谷高等学校図書館

0000078482

本の貸出は、一人10冊まで2週間。

- ●追加貸出、途中返却、延長などできます。**雑誌**も最新号以外、借りられます。
- ●必ず手続きを忘れずに。無断持ち出しはしないでください。
- ●授業で使う図書館資料のみ**コピー**します。（赤本は除く）

本のリクエスト・予約・検索ができます。

- ●本の所蔵の有無は、館内の**検索用パソコン**でできます。
- ●必要な本がない場合は、**リクエスト予約**用紙に記入してください。購入または他館から借ります。
- ●読みたい本が借りられている場合は、**リクエスト予約**用紙に記入すれば取置きします。

マナーを守って、スマホの会話・ゲームは禁止。フタ付飲料もカバンに入れて。

- ●本は、なくさず、汚さず、切り取らず！
- ●館内では、スマホ・携帯電話の会話やゲームはしないで下さい。調べものは OK です。
- ●食物は持込禁止です。フタつき容器の飲料のみ持込可ですが、机に置かずカバンにしまって下さい。

＜越ヶ谷高校図書館案内図＞　場所：管理棟2階　出入口は2つあります。

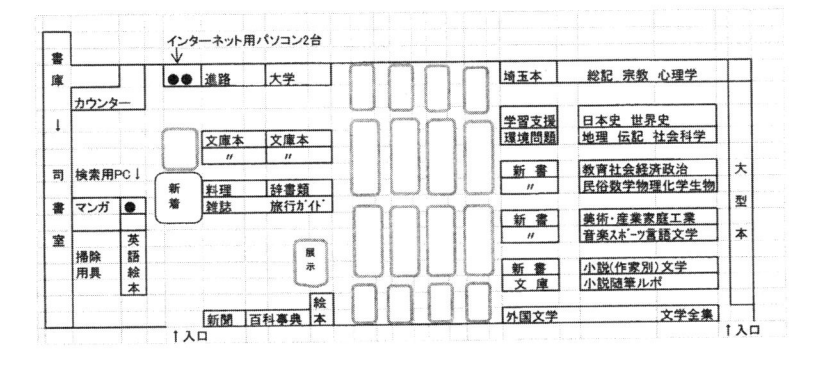

図2-9　高等学校の利用案内（ウラ）

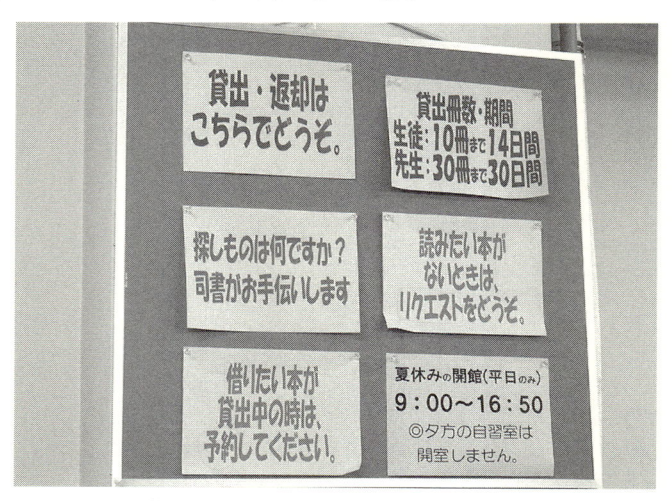

写真2-1 掲示による利用案内（高等学校）

2．配架

　配架（排架とも）とは，資料を書架に並べることである。資料は通常，主題順に並べるが，レファレンスブック（参考図書。辞書，事典，図鑑，年表，年鑑など，特定の項目を容易に調べられるようにした図書）や大型本などを特定の箇所にまとめて置く場合があり，それを別置と呼ぶ。表紙にインパクトがあり，「ここにはこの分野の本がある」と目印になる資料や，良書だと思われるがあまり利用されていない資料などを面陳列することがある。書架のスペースに余裕がないケースも多いだろうが，できる限り実践したい見せ方である（写真2-2参照）。

　利用者が書架上の資料を直接自由に手に取って選べる方式を開架式と言い，資料が書庫に収蔵されており，利用には手続きが必要な方式を閉架式と呼ぶ。書庫がある学校図書館の場合，やや古くなった資料や利用頻度が低い資料を閉架式で，それ以外のものを開架式で配架すると児童生徒が使いやすくなる。

　児童生徒の読みたい気持ちをかきたてるには，表紙に色や絵があることが一

写真2-2　面陳列（小学校）。一部の図書を面陳列している

写真2-3　配架の風景（尾﨑氏）

助になる。そのため，図書のカバーは取らずに，付けたまま配架するのがよい。

　どこに何を配架しているか，学校図書館利用のガイダンスなどの際に説明を

することもあるが（本書第4章1），一覧性を高めるために，利用案内と同様，図書館内に見やすく掲示をしてもよい（写真2-4，2-5参照）。

　なお，科目「情報資源組織論」や「情報資源組織演習」で詳しく扱うが，論述の都合上，主題や図書館分類法（以下「分類法」）について本書でも手短に述べておく。

　主題とは，「この資料は一言で述べるとXについて書かれたものである」という場合のXに相当するものである。

　分類法とは，資料をおもに主題に従って体系的に配列し，主題間の関連性を明示し，主題検索（主題を手がかりに図書館の蔵書を探すこと）を容易にするものである。本章1でも述べたが，わが国で最も用いられている分類法がNDCである。そこでは，0から9の十進数を用いて主題を表現している。

　NDCの分類項目は，児童生徒には分かりづらい。利用案内（本章1）や学校図書館利用のガイダンス（本書第4章），学校図書館を活用した授業（本書第7章）などを通じて説明するが，さらに，カラフルに色分けする，主題を連想させるイラストを付す，小学校の場合は簡単な言葉に置き換えて表示する（例えば，自然科学を「理科・算数」と置き換える）といった工夫をして，分類項目の表

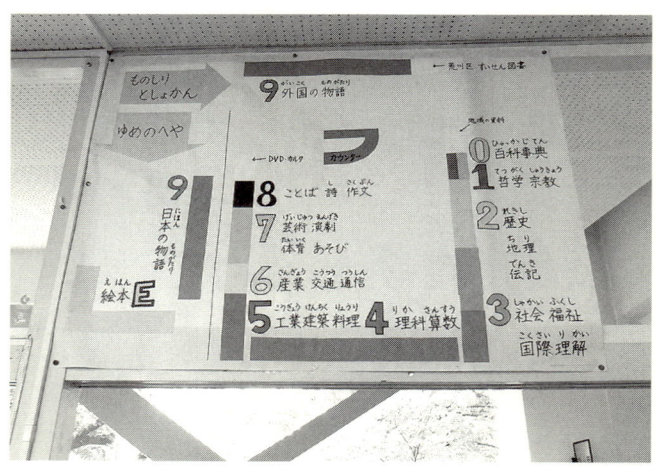

写真2-4　掲示による配架案内（1）（小学校）

写真2-5　掲示による配架案内（2）（中学校）

示を分かりやすくすることができる。簡単な言葉に置き換えることに関連して，小学校の学校司書による次のような発言がある。

　　児童たちは，「社会科学」と言われても分からない。なので，私はNDCの0類（総記）を説明するときに，「総記って何だろうね，何がある棚だと思う？」とまず問いかけます。0類の棚には『ポプラディア』（全国の多くの小中高校が採用している，ポプラ社の総合百科事典）が入ってるので，「百科事典」って答えが返ってきます。児童は「総記」を「百科事典」って言い換えてくれるんですね。

　　1類は「哲学」ですが，「これは，学校のお勉強で言うと何かな？心の中のこととかのお勉強だったら何だと思う？」って聞くと，ちょっと考えるんですけど，道徳って言ってくれます。2類（歴史）は「何となく分かるよね，社会だよね」のような感じで，教科に当てはめて説明しています。

写真 2-6　分類項目の表示（1）（小学校）

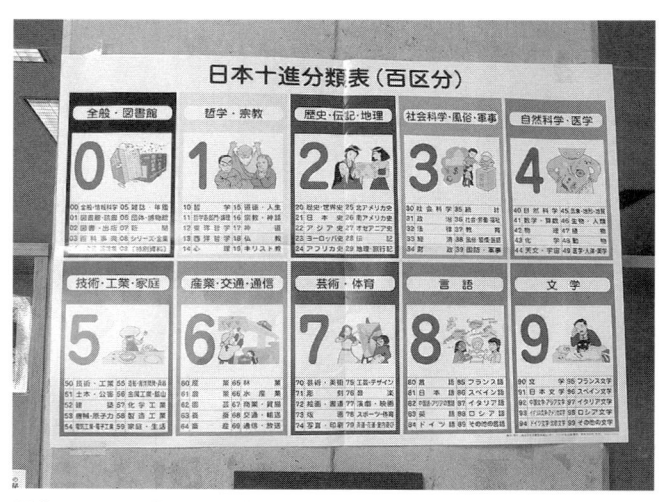

写真 2-7　分類項目の表示（2）（製作・発行：株式会社図書館流
通センター，イラスト：佐藤智子。中学校）

　　1年生から6年生，特別支援学級の児童もいるので，その児童に合った
言葉を選んだ説明が必要だ，というのが小学校ですね。(相澤氏)

3．展示・掲示

（1）展示・掲示の具体例

　学校図書館における展示や掲示には，さまざまなものがありうる。学校や地
域にゆかりのあるものもあれば，学校行事（例えば運動会や修学旅行，文化祭）
と連動して行う場合もある。また，夏の季節には「涼しくなる本」をキーワー
ドに怪談，南極，さらにはアイスクリームなどに関する図書を，終戦の日があ
る8月には戦争に関する図書を紹介するなど，季節や月ごとに展示や資料紹介
を行うことも多い。さらに，ある学年の国語で人物について学習するときに，
その人物の伝記を展示する，読書感想文の課題図書を展示するなど，授業と連
動することもある。

　ほかにも，開館日などを示したカレンダーや，学校図書館便り（本章5（1））
を掲示するなどのほか，実に多様な例がある。いくつかのものを以下に示す。
以下，学校種も明示するが，同様の展示や掲示を異なる学校種でできる（例え
ば，写真は小学校の例だが，同様の展示を中学校でもできる）場合もあるだろう。

写真2-8　修学旅行関連本の展示（高等学校）

写真 2-9　文化祭に関する図書の展示（高等学校）

写真 2-10　「涼しくなる本」というテーマの展示（中学校）

写真2-11　課題図書の展示（小学校）

写真2-12　課題図書の展示（中学校）

写真2-13 平和に関する図書の展示（小学校）

- 縄文時代から現代までの時代区分表。書架の日本史に関する箇所の上に,「この時代にはこのような出来事があった」などが書いてある表を貼り出すと, 資料が探しやすくなる。(小学校)

写真2-14 時代区分表（「新版小学歴史図表」（株式会社ヒルマ）。小学校）

- 世界地図や地球儀，国旗を一覧できる図書。上の時代区分表にも同様の ことが言えるが，「その国の本はこの棚にあるよ」のような資料案内を 学校司書ができる。「この国はこの国の隣にある」のようなことを考え ながら児童生徒自身で図書を探せるようにもなる。特に小学校低学年で は，国名を言い合って探しっこをするといった，図書館での遊びや学び にもつながる。（小学校）

写真2-15　世界地図（岩崎書店。小学校）

- 「今日の新聞」（小学校），「今日の第一面」（高等学校）。新聞については本書第7章4も参照。

写真2-16　「今日の新聞」（小学校）

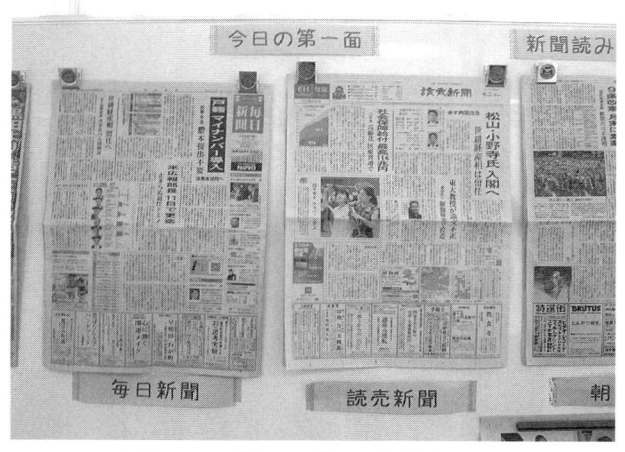

写真2-17　「今日の第一面」（高等学校）

・「最近のニュース」（新聞の切り抜き。中学校）など。

写真2-18　新聞の切り抜き（中学校）

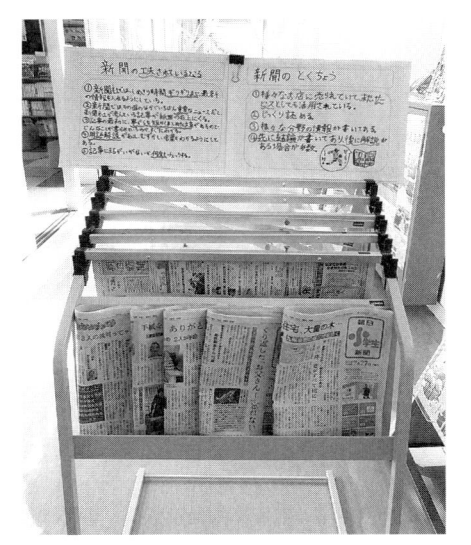

写真2-19　新聞の配架（小学校）

•「調べる学習コンクール[1]校内代表者の作品」（小学校）

写真2-20　調べる学習コンクール校内代表者の作品（小学校）

•「今日は何の日！？」（中学校）

写真2-21　「今日は何の日！？」というテーマの展示（中学校）

1　公益財団法人である，図書館振興財団という団体が主催している。

• 「いじめについて考える本」（コーナーを設けて展示し，書架に入った状態よりも生徒が資料に気づきやすくする。本書第5章1も参照。中学校）

写真2-22 「いじめについて考える本」というテーマの展示（中学校）

• 「心に響く本の言葉」（図書委員による，本の中の名言の紹介。本書第7章3も参照。中学校）

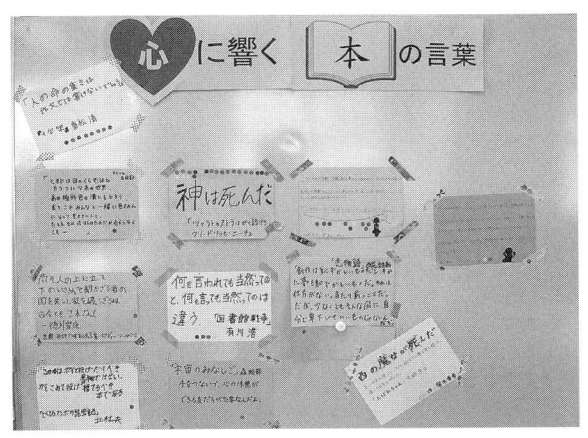

写真2-23 「心に響く本の言葉」というテーマの展示（中学校）

・「今月の詩」（中学校）

写真 2-24　「今月の詩」というテーマの展示（中学校）

・映画やテレビドラマの原作の紹介（本書第 5 章 1 も参照。中学校，高等学校）

写真 2-25　「最近映像化された本，これから映像化される本」
というテーマの展示（中学校）

写真2-26 「最近，映画・ドラマ化された or される予定の本」
というテーマの展示（高等学校）

• 情報コーナー。美術館や博物館の特別展のポスターなどを掲示してい
る。新聞の置き場所と隣接させている。このコーナーを設けている清水
氏は，「「図書館は NDC の9類（文学）ばかりじゃない」ということを
できる限り生徒に伝えたいと思っています。例えば美術，科学，歴史な
ど，いろいろな主題の本がある。「自分は小説を読まないから図書館に
来ない」となるんじゃなくて，図書館に来ればいろいろ情報が見つか
るっていうふうにしたい」と発言していた。このスタンスに注目した
い。（中学校）

写真2-27　情報コーナー（中学校）

• 「人権に関する本」（中学校）

写真2-28　「人権に関する本」というテーマの展示（中学校）

• 新着図書や，その帯の紹介。その図書のウリや魅力が帯に凝縮されていることに着目し，帯も強調して展示しているものもある。（中学校，高等学校）

写真2-29　新着図書の紹介（1）（中学校）

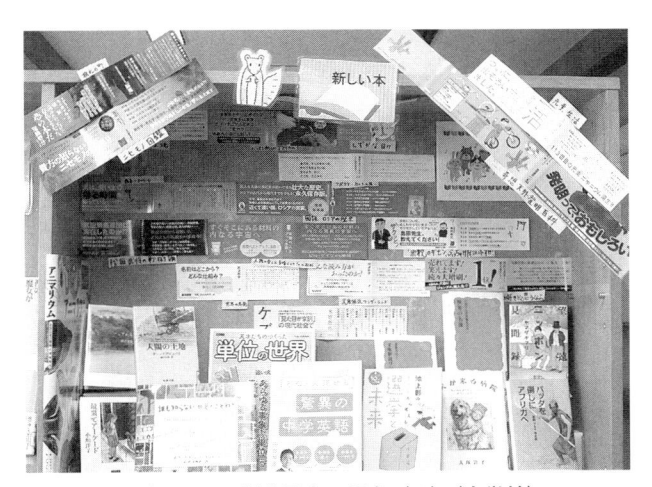

写真2-30　新着図書の紹介（2）（中学校）

写真 2-31　新着図書の紹介（3）（高等学校）

• 「図書委員オススメ！」（図書委員による資料紹介。中学校）

写真 2-32　図書委員による資料紹介（1）（中学校）

写真2-33　図書委員による資料紹介（2）（中学校）

• 「夏はジブリ」（生徒の関心に合わせた，「夏はジブリ」というテーマの資料紹介。テレビ番組の『金曜ロード SHOW!』がここ数年行っている「夏はジブリ」という特集に合わせている。中学校）

写真2-34　「夏はジブリ?!」というテーマの展示（中学校）

- 「HOP STEP JUMP」という見出しでの図書紹介。このコーナーを設けている清水氏は，次のとおり趣旨を説明している。「「1年生，2年生，3年生」という見出しにすると，「自分は1年生だからここの本しか読まない」，あるいは「3年生なのに1年生の本を読むのは恥ずかしい」というようになってしまうと思いました。そうではなく，ホップ・ステップ・ジャンプのどれを読んでもよいです，読むのに自信がない人はホップからどうぞ，という雰囲気が出るようにしました。ジャンプになると，公共図書館と遜色ない本もあります。勤務校が所在する東京都杉並区にゆかりのある，井伏鱒二の小説もありますね。「ジャンプにある本は，高校受験の面接のとき，「これを読みました」と自信を持って言える本だよ」ともアドバイスしています。」（中学校）

写真2-35　「HOP STEP JUMP」という見出しでの図書紹介
　　　　　（中学校）

・「これも学習マンガだ！」（高等学校）

写真2-36 「これも学習マンガだ！」の掲示（高等学校）。日
本財団によるプロジェクト「これも学習マンガだ！」
を掲示し，学校図書館に所蔵のあるものに印を付け
ている

・「小論文を書くために」（高等学校）

写真2-37 「小論文を書くために」というテーマの展示（高等
学校）

（2）展示・掲示の工夫，留意点

　学校図書館における展示や掲示には，（1）で見たとおり，さまざまなものがありうる。例えば「いじめについて考える本」というテーマの展示では，小説だけでなく，専門家による啓発書や漫画など，多様な資料を用意している。「人権に関する本」というテーマの展示では，小説は国内のものに限らず，原作が海外のものも紹介している（（1）で紹介した写真参照）。展示や資料紹介の工夫として念頭に置きたい。

　また，展示・掲示それ自体が目的になってしまうのではなく，図書館に来るのが楽しいと感じさせたり，学習や読書につながったり，あるいは，何らかの有用な情報を児童生徒や教員に与えるものであるべきである。本書の取材協力者は次のように述べている。

　　ビブリオバトル（本書第6章1）を実施できなかった学年がありました。ビブリオバトルのことはもともと大々的に掲示していましたが，それが児童たちに浸透していたらしく，「なんで自分たちの学年はビブリオバトルをやらないのですか？」のような質問を受けました。ああ掲示を見てくれているんだな，と思いましたね。（相澤氏）

　さらに，やはり（1）で述べたとおり，世の中や校内の動きと連動した展示・掲示を行うことも多い。本書の別の取材協力者は，筆者とのやり取りの中で，スピード感が大切だという趣旨の発言をしている。なお，図書委員会の生徒が展示や掲示を行う場合もある（本書第7章3）。

　　新着図書を展示したり，「文化祭コーナー」や「体育祭コーナー」，修学旅行に合わせた「沖縄コーナー」，11月14日は「埼玉県民の日」なのですが，その時期は県出身の文学者や芸術家，アスリートなどに関する本の展示など，できるだけ時宜を得たコーナーを設けています。

──行事などに合わせて展示する際，その行事の担当の先生とご相談したりは？

　しない，しない。それはもうタイミングがすべてです。展示は，行事やイベントが始まる前に開始して，終わったらすぐに片づけます。例えばワールドカップのときは対戦国やサッカーに関する本を展示して，終わっちゃったらすぐに片づける，という具合です。ただし，修学旅行に関する本の展示は，行き先が例年同じで，調べ学習で利用される機会も多いので，常設しています。先生方の要望があればすぐに展示に反映させます。

　「学校図書館に来れば何か新しい情報が得られる」，「学校図書館は世の中の動きに連動している」と思われたいです。古くてさびれた所，いつまでも黄ばんだ掲示物を貼っている所とは思われたくないですね。（石黒氏）

　なお，展示や掲示は，すべてを自作で行うわけではない。例えば『小学図書館ニュース』（少年写真新聞社，月2〜3回刊）という掲示物も市販されている。「図書館の使い方」や「調べ学習」などをテーマとし，見た目も美しい。すべての学校で必ず備えられるわけではないが，予算があれば購入したい。

4．修理

　児童生徒に人気があったり，授業でよく使われるなど，利用頻度が高い図書が学校図書館にはある。また，書架と窓の位置関係上，図書が日焼けをしやすい場合もある。さらに，校舎から雨漏りがあり（かつ，予算の都合上，根本的な対策をすぐに取ることができず），カビが発生しやすい状況の学校図書館もある。こうした要因から，図書に汚損や破損が生じることがある。

　そうした図書を修理することも学校司書の業務のひとつである。2016年3月時点で，81.4%の公立小学校，30.0%の公立中学校，2.8%の公立高校の図書館で，保護者や地域住民のボランティアを受け入れている[2]。修理をボランティア

2　文部科学省．˝平成28年度「学校図書館の現状に関する調査」の結果について˝．http://www.mext.go.jp/a_menu/shotou/dokusho/link/1378073.htm，（参照 2018-07-08）.

に依頼している学校図書館もあるが，図書の修理には習熟が必要なため，学校司書だけが担当している場合もある。汚損や破損がひどいケースでは，無理に修理を試みるよりも，買い替えるほうが望ましい。図書の修理・装備の重要性や，修理をするかどうかの基準について，本書の取材協力者は次のように述べている。

> 　本は壊れやすい。特に小学生，中学生が使う本ならなおのことだと思います。そのため，本の修理は，学校図書館では必須の技能です。学校司書の資格を取る際，実習として学んでほしいくらいですね。
>
> 　それと，ブックコート（ブッカーなどとも。図書を保護するために貼る，透明の薄いブックカバー）のかけ方も「ほとんど，図書館に本を納品する業者がしてくれるから」ということで，司書講習[3]では実演しなかったんですね。ですが，学校図書館で働いてみると，ブックコートのかけ方を知らないと管理できない資料も多いです。例えば，値引きで買った資料にはブックコートがなかったりします。20〜40冊の資料にずーっとコートをかけ続ける，という作業も経験しました。（尾﨑氏）

写真2-38　ブックコート（ブッカー）

3　尾﨑氏が学校図書館に就職した際は，学校司書の資格が確立されておらず，司書の資格を取得し，その後，勤務校に着任したとのことである。学校図書館への就職については，本書末の「学校司書をめざす人へ」を参照してほしい。

　本の修理だけを追求するようなことはやりません。それほどの貴重書はないですね。やっぱり，学校図書館は貴重書保存図書館ではなくて，未来を生きる若い生徒の図書館ですね。だから高校生の皆さんのために，「新しいものを」と，常に追い求めている感じです。

　本を修理するか，それとも除籍するかの基準は，読まれるかどうかです。「もうこの本は読まれないだろう」と判断したら，一応直すけれども，書庫にしまっちゃうとか。

　「もっと利用されると，ポロッとページが取れたり，この本はこの先壊れちゃう」っていうのが分かっていて，でも読まれそうだなと思ったら，買い替えることがありますね。単行本の場合，文庫で出てたりします。「こりゃもう駄目だ」と思ったら，文庫本で買い替えて更新します。そうするとコンパクトになるし，安いです。安いとは言っても，ある程度，予算の裏付けがあるからできることです。(石黒氏)

　図書の修理には，セロハンテープを使用しない（経時的に劣化し，図書を傷めるため）などの原則がある。本書は大学の講義科目のテクストであり，現職者用の実務マニュアルではないため，図書の修理法を具体的に解説することはしない。図書やウェブページを以下に紹介しておくので，関心に応じて参照してほしい。ウェブページについては，写真や図が多い，構成がシンプルであるなど，初学者に比較的分かりやすそうなものから挙げる。ブックコートのかけ方を解説したウェブページも，インターネットを検索すると複数ヒットするが，参考までに２つ掲載しておく。URL の参照はいずれも2018年７月である。なお，学校司書として採用・配属された人に向けた研修を自治体などが実施している場合もある。

- 書物の歴史と保存修復に関する研究会編『図書の修理とらの巻』澪標，2017年，134p.
- 美篶堂『美篶堂とはじめる本の修理と仕立て直し』河出書房新社，2017年，111p.

- 埼玉県立図書館．"資料保存〜未来へつながる保存の技術〜". https://www.lib.pref.saitama.jp/stplib_doc/hozon/index.html
- 横浜市立図書館．"修理講座テキスト". http://www.city.yokohama.lg.jp/kyoiku/library/volunteer/shuuritext.pdf
- 平塚市図書館．"本の補修のしかた". https://www.lib.city.hiratsuka.kanagawa.jp/contents;jsessionid=3836280B5B44B6444A90270D22AB2FF3?0&pid=97
- ブックママのホームページ．"本の修理方法". http://www.city.kariya.aichi.jp/school/hidakas/bookmama/syuuri/syuuri.html
- 光村図書．"赤木かん子の読書Q&A 学校図書館（実技編）". http://www.mitsumura-tosho.co.jp/kyokasho/s_kokugo/akagi/practical/shuri/index.html
- 東京都立図書館．"資料保存のページ". https://www.library.metro.tokyo.jp/guide/about_us/collection_conservation/conservation/
- 国立国会図書館．"所蔵資料の保存". http://www.ndl.go.jp/jp/preservation/collectioncare/index.html
- 日本図書館協会．"資料保存委員会". http://www.jla.or.jp/committees/hozon/tabid/96/Default.aspx
- 結城市．"ブックコーティングのやり方（カバーがついている本）". http://www.city.yuki.lg.jp/page/page001683.html
- 結城市．"ブックコーティングのやり方（カバーがついていない本）". http://www.city.yuki.lg.jp/page/page001695.html

5．広報・PR 活動

　広報（ひろく知らせること），PR 活動（企業や官庁などが，その活動内容を広く知らせ，多くの人の理解を高めるために行う宣伝活動）は意味が広いため，利用案内（本章1）や展示・掲示（本章3）などもそれに含まれる。本節では，それらのほかに学校図書館が行う広報や PR 活動の代表例である，学校図書館便りと

ウェブサイトの活用について述べる。

　学校図書館に限らず，図書館の広報・PR 活動においては一般に，図書館を利用しない層に向けて図書館のサービスを知らせ，新しい利用者の開拓を図ることや，図書館側から一方的に情報を発するだけでなく，利用者の意見や要望を聞き，図書館運営に反映させることが肝要であるとされる[4]。これらも念頭に置きながら以下を読んでほしい。

　なお，学校行事との連動が学校図書館の広報・PR につながった例を本書第7章2でも紹介しているのでそちらも参照してほしい。

（1）学校図書館便り

　「図書館の PR 活動のメディアの一つとなる定期刊行物」で，「利用者と図書館の結び付きを強めるためのコミュニケーションの場であり，各図書館でその趣旨は異なるが，おおむね図書館の行事，お知らせ，図書館の使い方，利用者の声，資料紹介などの記事内容を含んでいる[5]」ものが図書館報である。学校図書館が発行する図書館報が学校図書館便りと言える。

　学校図書館便りは，学校司書や複数の教職員が作るものと，児童生徒の図書委員が作るもの（『図書委員会だより』など，名称はさまざまである），校内で2つが発行されているケースも多い。本項では前者について解説する。後者については本書第7章3で述べる。

　学校図書館の動きをタイムリーに知らせるために，学校図書館便りは毎月発行するとよい。新着図書や，図書館の利用方法などを掲載する。春は「ひとり何冊，何週間」といった，利用のルールを大きく載せたり，夏休み前の号では「借りた資料は夏休み前に返そう」と利用啓発を載せるなど，時宜を得た内容が望ましい。これらに関して，本書の取材協力者のやや詳しい発言があるの

4　図書館用語辞典編集委員会編『最新図書館用語大辞典』柏書房，2004年，p. 123.
　　日本図書館情報学会用語辞典編集委員会編『図書館情報学用語辞典』第4版，丸善出版，2013年，p. 204.
　　宮部頼子編『図書館サービス概論』樹村房，2012 年，p. 124-126.
5　日本図書館情報学会用語辞典編集委員会編『図書館情報学用語辞典』第4版，丸善出版，2013年，p. 181-182.

で，以下で見てみよう。

> 学校図書館便りはおおよそ月に1回発行しています。先生方と学校司書が分担して書く学校もあります。勤務校では私がひとりで全部担当しています。
>
> 学校は，自宅に持ち帰るプリント類がとても多いです。なので，正直なところ，先生方にとっても，お家の方にとっても，学校図書館便りの優先順位は高くないと思います。児童は多分，学校図書館便りが配られたら，折ってランドセルに入れて「はいお母さん」みたいな感じかもしれません。
>
> けれども，「児童のみんなも読んでね」という思いを込めています。学校図書館を使うのは児童だからです。保護者の方に学校図書館のことを伝える目的ももちろんありますが，児童が，折ってランドセルに入れる前に「おやっ」となって，ちょっと読んでくれたらよいかなと思って書いています。ルビを必ず振ること，なるべく簡潔に書くことを意識しています。
>
> 夏休み中の開館日を夏休み前の号に載せたら，来館者がとても増えました。夏休み中の調べる学習コンクール（本章3（1））や読書感想文のことなどは，図書館に児童が来たときに私と一緒に話をすればよいので，学校図書館便りの段階では，ものすごく細かいことを書くよりは，図書館に来るきっかけになればよいと思っています。
>
> 読んだ本の感想や心に残ったフレーズ，調べ物の本を読んで分かったことを読書記録カードに記入したものを，学校司書の私が毎週児童から回収して，コメントを書いて返す，という取り組みを今しています。読書の楽しさや，ほかの人がどういうものを読んでいるのかを伝えるために，児童の氏名は伏せて，学校図書館便りに「読書記録から」という記事を載せることもあります。（相澤氏）

> 学校図書館便りは私が作って，司書教諭の先生と管理職の先生が内容を確認し，毎月発行しています。学校のウェブサイトにもアップロードします。ただし書影（表紙画像）は著作権の関係上，ウェブサイトには載せま

せん。ウェブサイトに載せるときは，生徒の氏名が記事中にある場合，それもカットしますね。

　各号の内容は，クイズやパズル（図書館の本で調べれば答えが出るもの），ビブリオバトルなどのイベントのお知らせや結果発表，新しく入った本の紹介などです。月ごとにテーマも決めます。例えば6月なら時の記念日にちなんで「タイムトラベル」，9月なら敬老の日にちなんで「お年寄りが活躍する本特集」のような具合です。

　学校図書館便りは，生徒だけでなく保護者の方も見てらっしゃると伺っていますので，図書館のPRも意識しています。内容は，読み物としておもしろいといいなと思いますし，いろいろな本がありますよというアピールも含んでいます。（清水氏）

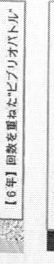
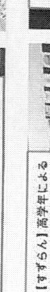

写真2-39　学校図書館便り（小学校）

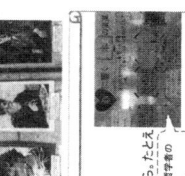

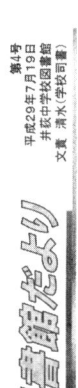

図2-10　学校図書館便り（オモテ。中学校）

新しい本が入りました！

他にも本があります。図書館に気軽にどうぞ。

	NDC	タイトル	著者ほか	出版社	内　容
1	019	文学解説ワンダーランド	齋藤美奈子	岩波書店	文学本の最後に入っている「解説」を読み込むと。「そうだったのか！」と目からウロコが落ちる「解説」の解説。
2	160	宗教のことがわからなくてもいいですか？	島田裕巳	実務教育出版	宗教って何の意味？神道は神仏くてもいいの？仏の奇跡って本当の？宗教の疑問に答える。
3	210	戦国合戦の軍師術	榎本秋	ベストセラーズ	戦国武将はどのように戦ったのか。兵糧、川中島などの戦術、武将の陣容と戦略を詳しく解説。
4	238	図説 ロシアの歴史	栗生沢猛夫	河出書房新社	世界一広大な国土を持つロシア。建国から、ソ連を経て現在までの歴史をたどる。写真・絵が豊富。
5	288	世界の名前	岩波書店編集部	岩波書店	世界の人々は。どのように名前をつけているのか。名づけのパターンからその国の歴史や文化が見えてくる。
6	289	タングステンおじさん	O・サックス	早川書房	金属に魅せられたオリヴァー少年は。「タングステンおじさん」に化学の面白さを学んでいく。魅力的な人物系数多く。
7	314	池上彰の中学生からわかる議会と選挙	池上彰	文溪堂	選挙。投票していくのかわからない。自分の一票では何も変わらない、と思っている人に。選挙の意味をわかりやすく。
8	361	国民一丸。見聞録	ヤマザキマリ	幻冬舎	長く外国で暮らしているイタリア在住マンガ家が世界の人々と日本人の違いをつづる。異文化ロマンチ・セイ。
9	388	誰も知らない世界のことわざ	エラ・フランシス・サンダース	創元社	「口の中にカバを飼っている」「ルバーヴに月一つ分」など。他国のことわざはどんな意味？絵もおもしろい。
10	402	天才たちのつくった数学の世界	高橋典嗣	綜合出版	さまざまな単位はどのように決まっているの。。重要性を正確な数式と科学者たちの姿が描かれる。
11	402	自分の国で実験しよう	セオドア・グレイ	紀伊國屋書店	127個の高温度ですればいいのに、実在を確認する何で。。。実物を読み込んだり。自分の体で実験し。科学者たちの監視も。
12	431	世界で一番美しい分子図鑑	セオドア・グレイ	化学同人	集中的なアラファ。。。。。キャンディや色分けが豊富。見えないもの、美しいものを厳選。。。写真で眺める。
13	431	元素生活 完全版	寄藤文平	化学同人	元素をキャラクター化した名刺にユーモアが入った。
14	486	バッタを倒しにアフリカへ	前野ウルド浩太郎	光文社	アフリカ。モーリタニアでバッタの大群を調査するはずが。予想もつかない出来事が次々と。ポスドク研究者記。
15	488	鳥類学者だからって、鳥が好きだと思うなよ	川上和人	新潮社	爽やかで西之島に新アオカツドリは生息。南硫黄島では山に飛び込んだり。上陸での秘密と解を明かす科学研究の生態。
16	501	暮らしを変える驚異の新素材10の材料	M・ミオドニック	インターシフト	紙、チョコレート、プラスチック、ガラスなど。人類を変えたの秘密と解を明かす科学の読み物。
17	507	やわらかいわ。発想が大事。素材の科学	M・ミオドニック	徳間書店	集中的なアラファフシムルッパ。キャンディ色分けが豊富なんとなもないもの。面白いものを紹介。
18	619	つくって味わう！茶の絵本	ますだけいこ	農文協	茶とはどんな植物か。どんな効果を持っているのか、どんな種類があるのか、作り方は、などをわかりやすく解説。
19	626	土と健康と！植物栽培の不思議	田中修	日刊工業新聞社	なぜ種はまける。どんな土からはどんな植物が育つのか。など植物栽培の疑問にも答える。
20	702	ニセモノ図鑑	西谷大	河出書房新社	人魚のミイラ、玄石など。「ニセモノ」の掛け軸。鑑定ど。様々な「ニセモノ」はどうばつくられてきた？
21	723	ブリューゲルの世界	森洋子	新潮社	「バベルの塔」以外に名画家や民衆の生活をモチーフに描いた「ブリューゲル」の作品を紹介。
22	837	どんどん話せる驚異の中学英語	山田暢彦	ナツメ社	主語一覧調一付けにし情報のやりやりでスピーチイメージの感覚を身につけよう。CD つき。
23	911	折々のうた 春・夏・秋・冬	大岡信	童話屋	新聞に紹介されていた世界の名詩を季節ごとに編集した本。短いけれどどうかわかりやすく解説つき。
24	913	アポリア	いとうみく	童心社	2035年。関東を大地震が襲う。中学生の一条は。母を助けられなかった。絶望の中に希望は見出せるのか。
25	913	義まマアーケード	小川洋子	講談社	ちょっと変わったのを未完の名が出会いさなマーゲード。その先を求めてくるくる人々のさわやかでせつない物語。
26	913	原田マハ	原田マハ	新潮社	日本人研究者とアメリカ人キュレーター大富豪者が出会い課題とは。実事作品をめぐるミステリー。
27	913	しずかな日々	椰月美智子	講談社	母と離れ、指父とともに暮らすことになった少年。夏の日の物語。人生の変わり目ごとにしみじみやってくる「しずかな日々」。
28	916	顔ニモ負ケズ	水野敬也	文響社	顔や外見。見た目に悩む人々。人にインタビュー。「どうせキツネになってしまった。女性の生き方や人間の絆を考えさせられる実話。
29	933	狐になった奥様	ガーネット	岩波書店	妻が突然キツネになった人は。突然キツネになることを証明しまうと証明を始める。実在の生物学者が描くロマンチ学習説。
30	933	ぼくたちの相棒	R・ペック	あすなろ書房	未来からやってきた少年と関の翼の関の課題を読むと。人間の過ぎを考えるのが大いよく人との絆を大切にしたくなります。
31	933	たんぽぽ球	R・H・ロレンス	河出書房新社	イギリスの文豪が晩年いた型病を読むと。奇妙な本とドラマとぶ。。。くるようなの気持ちになります。
32	933	二番めぐりばん	D・H・ロレンス	あすなろ書房	父から息子に医者科ときという「判」。。。人間としての体験から人間としての生き方を語る。
33	943	カフカ短編集	カフカ	岩波書店	
34	954	人間の土地	サン=テグジュペリ	新潮社	

図2-11　学校図書館便り（ウラ。中学校）

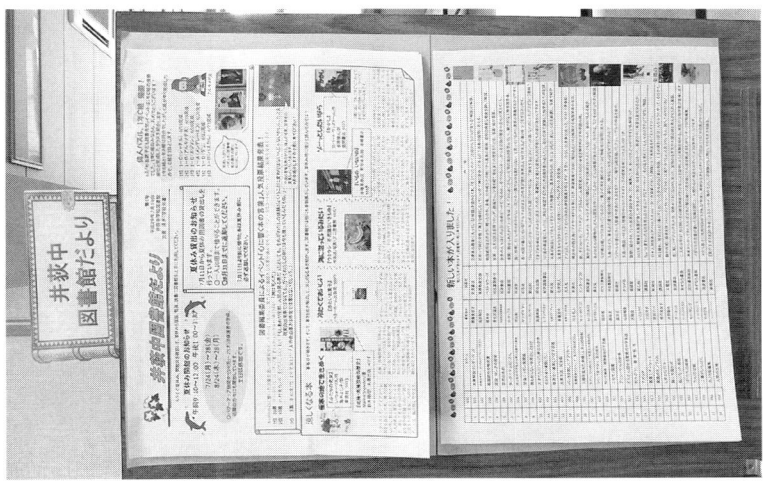

写真2-41　学校図書館便りの掲示（2）（中学校）

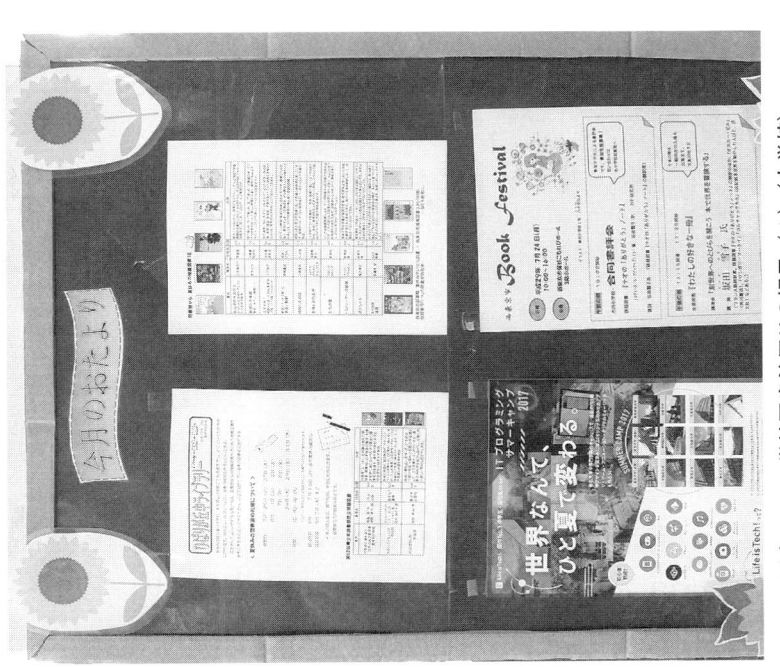

写真2-40　学校図書館便りの掲示（1）（中学校）

（2）ウェブサイトの活用

　学校図書館のウェブページが，学校のウェブサイトの一部として設けられている場合がある（ひとまとまりのウェブページ群がウェブサイトである。例えば，ある学校のウェブサイトを構成するのは，「学校紹介」「保護者の皆様へ」「年間行事予定」といった，個々のウェブページである）。活用の仕方として多いのは，学校図書館便りや利用案内，開館日カレンダーを掲載することである。常勤の勤務形態で，ウェブページの充実に注力できる時間の余裕や熱意がある学校司書がいるケースなどでは，学校図書館のブログを運営している場合もある。全国から学生が集まりうる大学とは異なり，SNS を通じて全国に向けて情報を発信することは，現在，小中高校の図書館では通常は行われない。

　本書の取材協力者のひとりである石黒氏は，「ウェブサイトは，やっぱり，この高校に入りたい，この高校をめざそうっていう中学生や保護者は見ると思います。その意味でも大事だと思っています」と述べていた。ウェブサイトを活用することは小中学校の図書館でももちろん大事であるが，高校は，中学生の多くにとって，はじめての進路選択の機会である。「進学先を検討する際の，中学生や保護者の判断材料になっているかもしれない」という意識を持ち，見やすく，興味を呼ぶウェブページ作りを心がけたい。

演習問題

　個人で，またはグループに分かれて，学校図書館の展示・掲示の企画（名称，ねらい，内容，どのような時期に行うかなど）を考えてみよう。字数などは，授業担当者が指定する。独学で本書を利用している場合は，企画を5つ，それぞれ400〜500字程度で書いてみよう。

第3章 学校図書館の運営

1. 年間運営計画

　学校図書館の年間運営計画をあらかじめ立てることは，何をするか／何をしないかを明らかにし，学校図書館の資源（人，資料，設備，予算）を効果的に活用するのに役立つ。また，計画を立て，明らかにすることで，情報の共有が図られ，管理職やほかの教職員から理解やアドバイス，新たなアイデアを得ることにもつながる[1]。

　実例として，東京都杉並区の中学校のものを図3-1，表3-1に示す。図3-1（「学校図書館全体計画」）は，学校の教育目標を最上位に位置づけ，学校図書館の重点目標などをそこから導き出している。各教科や読書活動などに学校図書館がどう貢献するかも計画している。

　表3-1（「学校図書館運営計画」）は，「学校行事・図書館行事等」，「図書館業務」，「委員会活動」，「その他」に学校図書館の活動を区分したうえで，月ごとの活動内容を計画している。

　本書の取材協力者のひとりは，異なる学校の間でも，学習内容が同じである以上，学校図書館が教科等にかかわる箇所はおおむね共通していること，そのため，他校の年間運営計画をベースに自校の計画を立てる場合があること，学校全体として計画を統一的に実行することが課題であることを指摘している。

1　後藤敏行『学校図書館の基礎と実際』樹村房，2018年，p. 45.

平成29年度　学校図書館全体計画

杉並区立井荻中学校

日本国憲法・教育基本法 学校教育法・学校図書館法 学習指導要領	本校の教育目標　　「自立」 1 みずから学ぶ　2 みずから律する 3 みずから行う　4 みずからを強める	生徒の実態・保護者の願い 地域の実態・教職員の願い 時代や社会の要請

学校図書館の機能と目的
・読書意欲を盛んにし、豊かな心情と幅広い知識を身につけさせる。
・学び方指導を充実し、望ましい図書館利用態度や技術を高める。
・読書活動を通して言葉の理解力・コミュニケーション能力を育成する。
・多様な資料から目的に応じた情報を選び、課題解決を図り、情報活用能力（メディアリテラシー）育てる。

学校図書館の重点目標
・蔵書の充実を図る。
・図書委員会の活動や図書紹介を活性化させる。
・授業支援の機能を高める。

【各教科】 ・図書館活用を通して、情報を収集選択、吟味、処理、発信する基礎的な能力を養い、活用力を培う。 ・読書活動を推し、目的に応じた読書、主体的に読書に取り組む態度を育成する。	【総合的な学習】 ・図書資料、メディア資料の探し方、まとめ方、発信の技術をさらに伸ばす。 ・テーマ設定、課題解決のために、適切な資料を活用する態度を身につける。	【特別活動】 ・学校行事（修学旅行、移動教室等）に関する興味関心をもち、読書の幅を広げる。 ・図書委員会に学校図書館への管理運営に関わらせることで、図書館への関心を高める。	【読書活動】 ・朝読書の取り組みを通して、読書活動の定着を図る。 ・季節や行事、出来事に関する図書の照会を行い、読書の幅を広げる。 ・生徒の図書紹介コーナーを設け、本への興味を持たせる。

保護者・地域との連携 ・図書だよりを通じて読書への関心を高める。 ・読書会を開催する。 ・長期休暇を利用して、小学生へ図書館の紹介をする。	公共図書館との連携 ・公共図書館からの団体貸し出しを活用する。 ・職場体験などでの図書館への関心を高める。 ・調べ学習の支援、協力要請をする。

図3-1　学校図書館の年間運営計画の例（1）（「学校図書館全体計画」。中学校）

表3-1　学校図書館の年間運営計画の例（2）（「学校図書館運営計画」。中学校）

別紙　様式3

平成29年度　学校図書館運営計画

学校名　杉並区立井荻中学校　10

	学校行事・図書館行事等	図書館業務	委員会活動	その他（ボランティア等の活用等）
通年	○季節や学校行事に応じた図書館内外の特設展示 ○読書会 ○朝読書の本を図書館から選ぶ取り組み（全） ○図書館連絡会（月1回）	○教科学習・総合的な学習・言葉の教育・生き方学習の関連図書提供 ○読書会（生徒と大人合同） ○新着本の選書・購入（月1回） ○図書館便りの発行（月1回） ○特集コーナーの設置（月1回） ○図書・雑誌の登録、配架 ○書誌データ点検、修正 ○レファレンス ○新聞の管理、掲示 ○館内整備 ○蔵書管理、整備 ○利用統計管理 ○団体貸出管理 ○授業、学習支援 ○朝読書の推進 ○予約・リクエスト受付 ○「今月の詩」コーナー作成	○図書館カウンター当番 ○書架整理 ○図書館便りの発行（月1回） ○図書委員会の開催と目標決め ○督促票、予約カードの連絡 ○飾り付け、POPの作成 ○「いじめゼロメッセージ」支援 ○長期休暇貸出しの告知	○ボランティアのコーディネート ○図書館連絡協議会参加 ○図書貸出返却補助 ○蔵書点検、書架整理支援 ○季節ごとの飾り付け ○地域保護者との読書会のサポート
4月	○図書館オリエンテーション（1年） ○図書館利用案内（教職員）	○図書館開館 ○進級業務 ○図書館運営計画詳細作成 ○図書館案内、利用規定改訂 ○オリエンテーション資料作成	○前期図書委員会開始 ○前期図書委員会 　オリエンテーション、当番決め ○本の返却呼びかけ	○今年度活動メンバーの更新
5月	○フレンドシップスクール（1年、河口湖） ○校外学習（2年、鎌倉） ○修学旅行（3年、京都・奈良）	○修学旅行・校外学習関連図書の展示 ○いのちの教育関連図書の掲示・広報活動	○図書館便り発行 ○「いじめゼロメッセージ」支援 ○読書促進イベント企画	○飾り付け（初夏）
6月	○いのちの教育講演会 ○体育祭	○「杉並区子ども読書月間」標語募集 ○読書促進イベント開催 ○理科読書新聞ブックリスト作成	○図書館便り発行 ○読書促進イベント開催 ○「いじめゼロメッセージ」支援	
7月	○三者面談 ○館内大掃除 ○夏季休業中の開館 ○パワーアップ教室（希望者）	○読書感想文の募集 ○調べる学習コンクールの作品募集 ○夏季休業中の特別貸出開始 ○小学生向けイベントの企画	○夏休み貸出冊数決定 ○夏休み貸出告知	○飾り付け（夏）
8月	○夏季休業中の開館 ○図書館イベント（小学生） ○蔵書点検	○蔵書点検 ○書架整理 ○館内模様替え（本、棚の移動） ○備品点検		○蔵書点検支援
9月	○校外学習（1年） ○職場体験（2年）	○除籍・廃棄 ○読書感想文締め切り ○展示、サイン制作 ○意見発表会関連図書の展示 ○仕事に関する本の展示	○本の返却呼びかけ（全） ○図書館便り発行	○飾り付け（秋）
10月	○合唱コンクール ○いのちの教育 ○読書週間 ○意見発表会（全学年）	○読書週間実施 ○杉並区書評座談会への参加募集 ○本の帯アイデア賞募集 ○いのちの教育関連図書の展示	○後期図書委員会開始 ○後期図書委員会への仕事説明、引継　○後期図書委員会 　オリエンテーション、当番決め ○図書館便り発行	
11月	○杉並区書評座談会への参加 ○セーフティ教室	○返却用栞募集（図書館便りにて） ○セーフティ教室関連図書の展示	○図書館便り発行 ○「いじめゼロメッセージ」支援 ○読書促進イベント企画 ○読書促進イベント実施	○読書会企画協力
12月	○館内大掃除 ○冬季休業中の開館 ○全校読後交流会	○冬季休業中の特別貸出開始 ○読後交流会関連図書展示 ○読書会実施	○図書館便り発行 ○冬休み貸出告知 ○読書会参加	○読書会サポート ○飾り付け（冬）
1月	○菅平移動教室（2年） ○ブックトーク（全学年）	○正月イベント実施 ○ブックトーク用図書の提供	○本の返却呼びかけ（全） ○図書館便り発行	
2月	○文化発表会	○来年度図書館運営計画策定 ○来年度雑誌タイトル選定 ○来年度図書費予算検討	○本の返却呼びかけ（3年） ○図書館便り発行 ○「いじめゼロメッセージ」支援	
3月	○館内大掃除 ○今年度図書館活動報告（教職員） ○総合発表会 ○70周年行事	○春季休業中の特別貸出開始 ○年度末蔵書統計算出 ○図書館活動の年間総括 ○館内整理	○本の返却呼びかけ（全） ○後期図書委員会のまとめ	○飾り付け（春）

発言を以下に記す。

> 　年間運営計画の形式は学校によって違うかもしれませんが，学習することは一緒です。学校図書館がかかわることができる箇所もだいたい共通しています。そのため，優れた実践を行っている学校から年間運営計画を頂いて，それをもとに自校のものを作ることもあります。すべてのものをゼロから作るとなると，本当に切りがないですし。
>
> 　図書館のイベントや取り組みなど，学校独自のものもあります。年間運営計画にはそれらも盛り込みます。
>
> 　良いものは良いもので頂いてしまう。それを実践することがいちばん大事な点だと思います。
>
> ——年間運営計画は，一応作るけれども実際にはそのとおりにならない，というのではなくて，それに沿って運営をされているのでしょうか？
>
> 　それが理想ですが……。授業の進み具合を担任の先生に確認して，「次はこれをやります」と伺ったら，「じゃあ図書館ではこれができますよ」みたいに，「営業」はします。でも，図書館を実際に授業で使うかどうかは先生次第になってしまっています。
>
> 　本来，年間運営計画があるのであれば，ある先生は図書館を使うけれども別の先生は使わない，というのではなくて，学校全体で統一的に活用されるべきものだと思います。
>
> 　年間運営計画にすべての先生がくまなく目を通して，それに沿って学校図書館の活用が進んでいるかという点では，先生方の多忙さもあり，まだ道半ばだと感じています。（相澤氏）

　なお，筆者は別の著作で，本書とは別の学校図書館の年間計画の例（玉川学園の学園マルチメディアリソースセンター（略称：MMRC. 東京都町田市），秋田県にかほ市，秋田県横手市）や，学校図書館を運営する組織，学校図書館の活動の評価について紹介した。MMRC の専任司書教諭へのインタビュー記事も掲載し

た。関心のある読者は参考にしてほしい[2]。

2. マニュアル・基準類

学校司書の職務について，マニュアルを設けている自治体は多い。公開されているケースもあり，「学校図書館 マニュアル」など，キーワードを組み合わせてインターネットを検索すると，複数の自治体のものがヒットする。学校司書として働くことになった場合，自治体のマニュアルを読みこむことは大切だが，自治体内の各学校共通のものとして作る以上，学校司書としての一般的な仕事や，貸出・返却などの業務システムの解説にとどまらざるをえないことが多い。職務内容をきめ細かく把握するためには，担当者間で引き継ぎを行うことや，学校司書同士で情報交換をすることも重要である。これらについて，本書の取材協力者は次のように述べている。

> 私が勤務している自治体（東京都荒川区）の場合，自治体レベルでマニュアルを作ったことはありますが，学校独自のものはありません。学校司書は3〜5年でほかの学校に異動しますが，異動の際に引き継ぎをします。「この時期にこういうことをした」，「運動会のころはこういうことをしていた」など，伝えておいたほうがよいことはいっぱいあって，そういう点をまとめて「引き継ぎ書」として交わします。
>
> 私は，学校図書館で働く前に，公共図書館に勤務した経験があります。それでも学校図書館と公共図書館とはまったく別物，別世界です。公共図書館なら，児童サービス担当の先輩もいるし，同期もいるかもしれません。一方，学校図書館は一人職場です[3]。公共図書館での経験があっても，ひとりだと解決できないことのほうが多いです。例えば分類項目ひとつ取っても，「理科の絵本」みたいに，その学校独自のものを設けている場合があります。学校独自の仕事やそのやり方，「前任者はどうしていたの

---

2 後藤敏行『学校図書館の基礎と実際』樹村房，2018年，p. 43-63.

か」がうまく伝わらないと,「何も見えない, 手探り自体できない」ことになります。そういった意味で, 異動のときの引き継ぎにかなり助けられます。

　学校図書館の年間運営計画がしっかりしていれば, マニュアルの役割も果たします。でも, 年間運営計画にイベント名だけ書いてあっても, それがどういう内容なのか分かりません。例えば, 夏休みの宿題で, 親子読書というものがあります (本書第6章2)。でも具体的に, どういう様式の用紙を配るのか。その用紙を誰が回収して, その後どうするのか。コメントを記入して児童に返すだけなのか, 掲示物として貼るのか。前任の学校司書が引き継ぎ書にそうした点を残してくれたので, 私は対応することができました。そういう引き継ぎがなかったら, その学校で今までやってきたことが, なくなるおそれもある。年間運営計画だけでは伝えきれないものを引き継ぎで伝えていくことは, すごく大事ですね。

　もっと言えば, 学校司書同士の日々の情報交換がすごく大事です。学校では図書館をひとりで切り盛りしますが, 同じように一人職場で働いている人が, 自治体内に学校の数だけいるので, 悩みも一緒ですし。「こういうときは何かしてましたか?」とか「去年どうしてましたか?」とか, その都度聞き合います。(相澤氏)

なお, 本節の話題に関連して, 1993年, 文部省 (当時) が公立の小中学校等の学校図書館充実のために, 学校種ごと, 学校規模ごとの図書の整備目標として「学校図書館図書標準」を設定した。全国学校図書館協議会 (Japan School Library Association : 全国SLA) も2000年,「学校図書館メディア基準」を発表し

3　学校図書館担当の教職員数の平均は小中学校で約2人, 高等学校で3人程度という調査結果がある。この数字は, 学校司書のほか, 司書教諭など, 校務分掌で学校図書館担当になっている教職員の数である。ところが, 司書教諭は学級運営や教科指導, 部活動などで忙しく, 学校図書館のための活動時間の確保が難しい実態がある。こうしたことから, 実質的に, 学校図書館は学校司書の一人職場 (学校司書がひとりで切り盛りしていく職場) であるとよく言われる。詳しくは以下を参照。
　　後藤敏行『学校図書館の基礎と実際』樹村房, 2018年, p. 72-75, 88-89.

ている。文部科学省や全国 SLA はほかにも、「学校図書館ガイドライン」、「学校図書館基準」（以上文部省または文部科学省）、「学校図書館施設基準」、「学校図書館図書廃棄規準」、「学校図書館評価基準」、「情報・メディアを活用する学び方の指導体系表」、「全国学校図書館協議会絵本選定基準」、「全国学校図書館協議会図書選定基準」（以上全国 SLA）など、さまざまな基準類を策定している。全国 SLA の諸基準は、参考になるが、予算などの制約が多い学校図書館の現状を考えると、ややハードルが高いものが多いように思われる。ほかの団体が定めたものも含め、学校図書館に関する基準類に別の著作で言及してある。必要に応じて参照してほしい[4]。

3. 記録・統計

　学校図書館が記録する事項には、日々の貸出冊数や来館者数、年間の開館日数や購入冊数、廃棄冊数、年度末時点での蔵書冊数、NDC の分類別の冊数などがありうる。これらのほとんどは、日々の、またはその都度の記録を怠らなければ算出できる。

　ただし来館者数は、公共図書館や大学図書館に設置されている入退館ゲートなどが学校図書館にはない場合がほとんどなので、独自に工夫した道具（写真3-1参照。児童がひとり来館するたびに、缶に棒を1本入れる）や数取器（カウンター）を用いるなどして集計する。多数の児童生徒が一気に来館した場合はカウントしきれないこともあるため、来館者数は概数であることが多い。学校司書の勤務形態の制約のため（学校司書の雇用形態は、常勤の場合もあるが、非常勤であることのほうが多い[5]。非常勤の学校司書は曜日別に複数校を掛け持ちしていたり、週に2～3日だけ勤務している例もある）、昼休みの来館者数だけをカウントして

4　後藤敏行『学校図書館の基礎と実際』樹村房，2018年，156p.
5　文部科学省．"平成28年度「学校図書館の現状に関する調査」の結果について"．http://www.mext.go.jp/a_menu/shotou/dokusho/link/1378073.htm，（参照 2018-07-08）.
　なお、非常勤の学校司書が多い状況はどういった点で問題なのか、および、その状況の改善を訴える意見については拙著も参照してほしい。
　後藤敏行『学校図書館の基礎と実際』樹村房，2018年，p. 73-74.

写真3-1　来館者数集計の工夫（小学校）

いたり，来館者数を数えていないケースもある。

　授業での学校図書館の活用状況（どの教科等のどの単元で，どのように学校図書館を利用したか），このようなやり取りを教員とした，このような図書をこの教科で求められたといったことも記録しておきたい。その後の活動や，引き継ぎの際に役に立つ。

　記録・統計は「取って終わり」ではなく，利用者のニーズをそこから分析し，蔵書構成に役立てるなど，学校図書館の活動につなげるべきである。ただし，記録・統計を読み解くのは簡単ではない場合がある。例えば，貸出の多い分野をさらに増強することも大切だが，貸出の少ない分野は，「ニーズが少ないから貸出も少ない」のか，「潜在的にはニーズはあるが，魅力的な資料が少ないため貸出も少ない」のか，分かりづらいこともあろう。後者の場合，潜在的なニーズに合う資料をそろえることができれば，よく貸し出される分野を新たに開拓することにつながる（もちろん，「ニーズが少ないから貸出も少ない」分野でも，学校の図書館である以上，教育的観点から資料を充実させねばならないこともありうることを付け加えておく）。実践と検証を継続的に行うことが求められる。

　上のような点に注意が必要であるものの，貸出傾向について，本書の取材協力者は次のように述べている。

　│　　1年間のベストテンを集計すると，その学校の傾向がよく分かります

ね。今の勤務校で貸出の多い本を見ると，ベストテンに「赤本」（教学社が発行する，大学入試過去問題集シリーズ）が５つも入っています。次に『キングダム』，『聲の形』，『文豪ストレイドックス』。漫画ですね。それから『君の膵臓を食べたい』はベストセラー小説。『学年ビリのギャルが１年で偏差値を40上げて慶應大学に現役合格した話』（通称「ビリギャル」）もベストセラー。ということで，大学受験，漫画，ベストセラー，そういうものがこの学校の「稼ぎ頭」なんですね。

ほかの学校では，ライトノベルがじゃんじゃん借りられる所もあります。その学校で何がいちばん借りられてるか，何が求められてるか，統計を見れば分かります。（石黒氏）

また，記録・統計をもとに，学校全体の教育計画の中で学校図書館がどう活用されているか，さらに活用されるためには予算や設備など何がどれだけ必要か，校長や司書教諭，係り教諭（校務分掌で学校図書館の担当になったスタッフのうち，司書教諭以外の教員を係り教諭や図書館係り教諭などと呼ぶ）と連絡を密にするなど，学校司書のほうから働きかけるべきである。単に印象論で話すより，記録・統計（＝数字や根拠）をもとに働きかけたほうが，説得力がある。この点について，本書の取材協力者の発言を以下に記す。

口頭だけだと，とてもあいまいな伝え方になったり，「ああそういうこともあったんですね」のように，その場の話になってしまうと思います。過去のことを学校司書自身が覚えていない，というケースもあります。記録・統計があれば，例えば，ある教科で過去に学校図書館の利用があった場合，「☆図書館」とでも記録をしておけば，「教育計画に学校図書館を組み入れよう」と説明するための材料になりえます。

勤務校の自治体（東京都荒川区）では，学校図書館が授業で活用された時数や貸出冊数など，区の学校司書全員に義務づけられている記録項目があります。学校司書になったばかりのころは，記録・統計の大切さが全然分かっていませんでした。例えば，先生から依頼が来たら，その本を探し

て渡せば，もうその仕事は完結したって思ってたんです。正直に言うと，記録を取ることは時間もかかるんですよね。でも最近になって，重要性を痛感しています。一人職場の自分を助けてくれるものですね。(相澤氏)

　具体的な記録を取っておくと，「学校図書館はこのぐらい使われているんだから，もっとこういうことをしたい」だとか，教職員と話すときにデータを根拠にして言える，ということはもちろんあります。例えば，除籍をする際の本の利用頻度です。「利用頻度ゼロである」のような事実は，データとして非常に有力です。あるいは，読書活動が推進されているかを評価する際に，貸出冊数の推移は非常に目安になります。(尾﨑氏)

さらに，記録・統計に関して，すべての学校に必ず当てはまるとまでは言えないだろうが，以下のような，分野別の貸出傾向についての興味深い指摘がある。参考までに紹介しておく。

　統計を分析したところ，貸出冊数が多ければ多いほど，全体に対するNDCの9類（文学）の割合が少なくなると分かったんです。つまり，貸出冊数が少ない学校図書館では，「本好きの子」しか来ない。そういう生徒には，小説が好きな人が多いんですね。小説ばかり借り出されて，一方で，借りない生徒はまったく借りない，という傾向になります。
　一方，貸出冊数が多い，生徒がたくさん来る学校図書館では，小説が好きじゃない，あんまり読みたくないっていう生徒もいっぱい来ます。そういう生徒は，小説以外の本を借りていきます。そういうわけで，貸出冊数が多ければ多いほど，貸出の中の9類の割合が減っていくことになります。(清水氏)

なお，記録・統計に関連して，貸出密度（ある期間の貸出延べ冊数をサービス対象人口で割った値。すなわち，ある期間の，サービス対象人口ひとり当たりの貸出延べ冊数）や蔵書回転率（ある期間の貸出延べ冊数を蔵書冊数で割った値）などの指標

もある。それらについては科目「図書館情報資源概論」で詳しく扱う。

　また，レファレンス協同データベース（略称：レファ協）事業も紹介しておく。そこでは，国立国会図書館が全国の図書館などと協同で構築している，調べ物のためのデータベースを運営しており，参加館の中には学校図書館もある。参加館がそれぞれ対処したレファレンス事例や，資料や情報にたどり着くための調べ方に関するデータなどを登録し，データベースとしてインターネット上に公開している。学校図書館に館種を限定して検索し，学校図書館に寄せられたレファレンス事例を参照することもできる。

図３-２　レファ協のレファレンス事例（学校図書館に限定した検索結果．参照 2018-05-28）

写真3-2　学校図書館の運営について説明する清水氏

▶コラム

開館時間や開館日などに関する取材協力者の意見

　学校図書館に関する代表的な統計に「学校図書館の現状に関する調査」（文部科学省，隔年）がある。本書執筆時点で最新の平成28年度版には，公立学校図書館の「授業日数のうち開館日数の割合」，「長期休業日数のうち開館日数の割合」は掲載されている。だが，学校司書の勤務時間や，学校図書館の開館時間は載っていない[6]。

　教科書的には，「閲覧の便を考えれば，図書館の開館時間はできるだけ長いほうがよい。具体的には，児童生徒の登校時から下校時間まで図書館

6　文部科学省．"平成28年度「学校図書館の現状に関する調査」の結果について". http://www.mext.go.jp/a_menu/shotou/dokusho/link/1378073.htm，（参照 2018-07-08）．
なお，本書とは別の著作で，統計を含め，学校図書館に関する基本的な文献を紹介した。関心のある読者は参考にしてほしい。
後藤敏行『学校図書館の基礎と実際』樹村房，2018年，p. 134-138.

が常時開館し，メディア［図書館資料］が閲覧可能であることが望まし
い[7]」とされる。一方，本書の取材協力者からは，勤務時間や開館時間，
開館日などについて，多様な意見が出た。どの学校種に勤務しているか
（＝どの発達段階にある児童生徒を見ているか）によっても意見が分かれるの
かもしれない。また，開館日については，学期中の話なのか，長期休業日
中の話なのかによって同一人物でも見方を分けているケースがある。

　読者にとって参考になると思われるので，意見が分かれるように見える
部分もそのまま，本章の最後に紹介しておく。なお，以下の4氏の勤務形
態は，石黒氏のみが常勤であり，ほかの3氏は非常勤である。

〈相澤氏〉

　私は1日6時間勤務です。9時15分に出勤して，16時に退勤です。その
ため，「1時間目（8時35分から9時20分まで）は学校司書の相澤先生はいな
い」という状態です。

　以前の勤務校は，学校図書館にとても力を入れていて，朝の貸出もある
学校でした。そこに勤務していたころは，始業前の8時には出勤していま
した。退勤は15時でしたが，その時間は6時間目の途中です。6時間目の
あと，放課後の時間もありました。そのため，毎日1時間残業をして，16
時まで職場にいましたね。

　小学校は一般に，「晴れていたら，休み時間は元気に外で遊びましょう」
という方針です。だから，休み時間ではなく，始業前の朝に図書館が開い
ていれば，多分いちばん児童が借りに来るんだろうなとは思っています。
でも一方で，学校司書の勤務時間が守られることも大事です。

7　後藤敏行『学校図書館の基礎と実際』樹村房，2018年，p. 118.
　　同旨，北克一編著『学校経営と学校図書館，その展望』青弓社，2009年，p. 125.
　　野口武悟，前田稔編著『学校経営と学校図書館』改訂新版，放送大学教育振興会，2017年，
　　p. 156.
　　福永義臣編著『学校経営と学校図書館』改訂版，樹村房，2006年，p. 115.

——そうですね。お昼休みの時間は？

　一応ありますけど。45分なのかな。「かな」って言うぐらい。給食の時間が私のお昼休みの時間でもあります。でも，給食の時間の前に，学校図書館を活用した授業があれば，片付けがあります。また，給食の時間の直後に，児童の昼休みになるんですね。昼休みに児童が来館するかもしれず，その前に図書館に戻らなければなりません。実質30分休憩できればいいな，くらいですね。

——放課後は？

　勤務校では，放課後に校内で活動してよいのは3年生以上です。なので，3年生以上の児童が放課後ふらっと図書館に来る，ということがありますね。

——勤務時間や開館時間のお話をありがとうございます。次に開館時期についてですが，夏休み中は基本的に，ほぼ毎日開館でしょうか？

　サマースクールや水泳指導，クラブ活動など，学校で何か行事などがあるときは図書館も開いています。

——夏休みに開館するときは，図書館業務をPTAの方にお任せするなどしますか？あるいは，開館時は常に相澤さんがいらっしゃいますか？

　開館時は私がいます。「夏休み中も土日以外はとにかく毎日開館している」，「学校司書が夏休みを取るために，不在の間はボランティアさんにお任せ（貸出・返却業務のみ行う）」っていう学校図書館もあります。

　でも，「貸出・返却だけが利用じゃない」というのが最近思うところです。調べ物をするための本を学校司書と一緒に見つけたくて来る児童もいます。「学校司書がいたりいなかったり」よりも，「図書館が開いているときは学校司書がいる。学校司書が休むときは図書館も閉館する」で問題ないのかなと，個人的には考えています。

〈尾﨑氏〉

　私の勤務日は，週に2回または3回。火曜日と木曜日，それと，不定期に月曜日です。そのほかの曜日は，ほかの学校図書館に出勤しています。兼務ですね。

　兼務ですと，先生との連携が取りづらい。例えば，先生が資料を必要としたときに，即座に出せないものは「明日ご用意します」と言いたいのですが，次に出勤するのが明後日だったりします。先生は本当にお忙しい中来てくださっているのに，すぐにお応えすることができない，という制約があります。

　一方，兼務には，勤務校同士を比較しながら活動できるというメリットが実はあります。2つの勤務校は，規模が倍くらい違います。それなのに，蔵書数は同じくらいあり，小さいほうの学校図書館はパンク寸前でした。「この規模の学校ならば，蔵書がもっとコンパクトでよいかもしれない」と気づくことができたのは，もう一方の学校でも働いているからですね。

——開館時間については？

　図書館を生徒が利用可能なのは，お昼休みと放課後です。ほかには，調べ学習などで図書館を活用する際には，私が不在でも，先生が図書館を開けることができます。

——授業で使う場合，「教員と学校司書が事前に綿密に相談してから」ではなく，先生が使いたいときに使えるような状態なんですかね。

　そうですね。先生はいつでも使えます。

——理想は，図書館が生徒の登校時間から下校時間まで，ずっと開館していることでしょうか？

　それが理想だとは思います。ただ，朝は……。勤務校では朝読書（学校において毎朝始業前10分程度の時間を利用して，全校の児童生徒と教師が一斉に自

分の好きな本を読むという読書推進活動。朝の読書，あさどくとも[8]）をやってい
ますが，その朝読書のための本を探しに来るかどうか。生徒の登校時間は
8時ちょうどくらいで，朝読書が始まるのは8時半です。その30分で探せ
るのかなあ，とも思います。

　そういう懸念もありますが，本当は，朝読書用に朝も開館したいです。
それと，昼休みは必ず開けておきたい。なぜかというと，放課後に開館し
ていても，来れない生徒が多いんです。習い事があるとか，部活動がある
とか。それを考えると，昼休みがチャンスじゃないかと。

——夏休みや冬休みといった長期休業日中は？

　長期休業日中にも本を借りに来る生徒はいます。でも何十人という単位
ではなく，本当に片手いるかなあ，というぐらいですね。一般の生徒はそ
ういう状況なんですが，読書部（本書第7章コラム）は活動していますの
で，図書館自体はにぎやかですね。

〈清水氏〉
　私は非常勤で，勤務日は週に5日です。

——ご勤務校がある東京都杉並区は学校図書館に力を入れている自治体だ
と伺っていました。今仰られたように，非常勤の方でも週に2〜3日だけ
ではなく5日勤務だったり，やはり熱心な自治体だという理解でよろしい
ですか？

　そうですね。毎日開館しないといけないと思っているんですよ，私とし
ては。別の自治体にあった以前の勤務校では週3日勤務，週3日開館だっ
たんですけど，やっぱり生徒は，何曜日に開いてるとか，何時から何時ま
でとか，あんまり意識してないんですよね。だから，いつ来ても開いてる

8　日本図書館情報学会用語辞典編集委員会編『図書館情報学用語辞典』第4版，丸善出版，
　2013年，p. 3.

っていうことがすごく重要で。週5日勤務，週5日開館っていうのは基本じゃないかなと思います。

　自治体によっては，学校司書が複数校掛け持ちすることもありますよね。あれでは生徒の顔も覚えられないですし，学校の蔵書も頭に入らないです。やっぱり，「どういう生徒がいるか」っていうことと，「図書館に何があるか」っていうことを頭に入れないと，学校司書って務まらないと思うんですよ。

　だから本当に，自治体の事情，予算的なこともあると思うんですけど，「学校司書が毎日いる」っていうのが基本だと思いますね。

——勤務日についての現状やご意見をありがとうございます。開館時間については？

　私は17時10分までの勤務です。ときどき，生徒たちから「もっと開けてくれ」って言われたりもするんですが，図書館は17時に閉館することになっています。

　開館時間は，長ければ長いほどよいというものでもないと思うんです。なぜかと言うと，図書館で勉強や宿題をしていても，友だちと一緒だと，遊びながらやっていたりしています。「17時には閉めるからね」って16時半ぐらいに予告すると，「えっ，もうそんな時間なんだ！」って言って，それからやり始めるとかですね。もし18時閉館になれば，17半から勉強をやり始めるわけですよ（笑）。

　だから，図書館が毎日開いてることは大事だけれども，開館時間は，授業が終わってから1〜2時間開けている程度がよいかなと思います。学校によって違うと思います。例えば高校だったら，もっと遅くまで開けていていいと思います。

——開館について，長期休業日中の場合はどのようにお考えでしょうか？

　勤務して1年目のときに，ほとんど毎日図書館を開けてたんですが，8月の10日を過ぎてお盆期間になると，人が来なくなりますね。

　経験上，夏休みに入って最初の1週間（7月中）は，「パワーアップ教室」という補習授業のようなものや，面談もあるし，学校公開もあります。そのときは来館者が多いです。地域の方や小学生も来ていいですよっていうお知らせを配って，図書館を開放してもいます。

　夏休み中ずっと開館する必要はないと思いますが，7月中は開けておくほうがいいと思いますね。

〈石黒氏〉

　勤務校の学校図書館は，8時40分から16時50分までが開館時間です。だけど，図書館は自習室としても利用されていまして，自習室利用は19時まで。

——夏休み中の開館日は？

　基本的に，土日祝日以外は開館しています。一般的に公立高校では，こんなに開いてません。7月いっぱいと8月最後の1週間ぐらい開館する学校が多いです。

——そもそも，長期休業日中でもなるべく開館していることが望ましいのか，あるいはそうとも言えないのか，どう思われますか？

　どういうふうに使われるかですね。勤務校は，生徒さんが受験勉強のために使うので，長期休業日中も開けています。私の勤務時間は，常勤なので，8時25分から16時55分までです。そのため，私は17時過ぎには帰っちゃいます。生徒たちはまだずっと勉強している。19時になると先生がやってきて，もう終わりだよって言って図書館を施錠してくれます。

第4章

学校図書館利用のガイダンス

　学校図書館のさまざまなサービスを円滑に遂行するためには，サービス内容や利用方法を，利用者である児童生徒や教員にあらかじめ知ってもらうことが望ましい。サービス内容や利用方法は，利用案内（本書第2章1）や広報・PR活動（本書第2章5）を通じても周知されるが，本章では，学校図書館利用のガイダンスについて解説する。

1．学校図書館利用のガイダンス

　『図書館情報学用語辞典』（第4版，丸善出版）では「図書館オリエンテーション」の項で，それを「主に潜在利用者の集団を対象に，特定の図書館におけるサービスの種類や概要，施設と設備の配置，開館日と時間，文献探索や貸出の方法，利用規則などの案内ならびに説明を行うサービス[1]」と説明している。要約すれば，図書館の利用にまだ慣れていない人々を対象に，図書館の利用法などの案内や説明をするサービスが図書館オリエンテーションだと述べている。学校図書館でもそれは行われる。図書館において，カタカナの「オリエンテーション」と「ガイダンス」は同義と言って差し支えない。本書では，学校司書のモデルカリキュラムの表現に合わせ，取材協力者との対話の箇所を除き，基本的に以下「ガイダンス」を用いる。

　学校図書館利用のガイダンスで説明すべき点は，児童生徒の発達段階に応じ

1　日本図書館情報学会用語辞典編集委員会編『図書館情報学用語辞典』第4版，丸善出版，2013年，p. 173.

て取捨選択が必要だが，おおむね以下のとおりである。

- どの主題の図書がどこに配架されているか（別置されている図書の配架場所も含む）。
- 雑誌や新聞など，図書以外にどのような資料があるか。
- 貸出・返却の仕方や貸出冊数・返却期限などの利用規則。
- NDC の見方。
- レファレンスブックの使い方。
- レポートなどを書く際の，資料の引用の仕方。タイトル，著者，出版者[2]などの出典を明示できるよう図書の標題紙や奥付の意味を教える，インターネット上の情報を引用する際も出典を明記するよう指導する，といった点も含む。
- 館内の情報検索端末など，図書館の施設・設備の利用の仕方。
- その他，開館時間など，利用案内（本書第2章1）に掲載している事項。

　学校図書館利用のガイダンスに関して，留意点を3つ挙げておく。第一に，上の箇条書きでも触れているが，学校図書館を活用してレポートを作成する授業などの際に，著作物を引用する場合は出典を明示しなければならないなど，著作権にかかわる注意喚起が必要なことがある。学校司書には著作権法の知識が求められる。学校図書館における著作物の複製などについて，筆者の別の著作でコラムを設けている。また，その中で参考文献も紹介しているので，参考にしてほしい[3]。
　第二に，児童生徒がその後の人生で公共図書館や大学図書館などを使いこなせるよう，図書館に関する児童生徒の基礎的な能力を養うことが学校図書館，あるいは学校には求められる。児童生徒が卒業後も図書館を利用し続けるには，図書館というものに好意を抱く原体験を学校図書館から得ることが重要で

2　個人も団体も両方意味に含むため，このような文脈では出版社でなく出版者と表記するのが図書館の世界の通例である。
3　後藤敏行『学校図書館の基礎と実際』樹村房，2018年，p. 98-100.

ある。これはガイダンスに限ったことではなく，学校図書館の資料，スタッフ，設備の全体的な充実が欠かせないと言える。ガイダンスにおいても，児童生徒の興味関心を喚起する工夫が欲しい。この点について，本書の取材協力者は次のように述べている。

> ガイダンスの際，「大学受験，漫画，ベストセラーがたくさん借りられています」と言うと，「そういうものもあるんだ，私たちも借りよう」という反応を生徒はします。「ウチの学校は，貸出冊数も，登録率も，県平均の２倍ありまーす」って言うと，「そんなに使っていいんだ」っていう反応があります。「先輩たちと同じようにがんばろう」って生徒はちょっと思うわけですね。
> なるべく，生徒が楽しくなると言うか，興味を引くと言うか，「私も使ってみよう」って思えるようなことを伝えるようにします。（石黒氏）

第三に，学校図書館を授業で活用してもらうためにも，どのようなルールで児童生徒が図書館を利用することになっているか，学習や読書に図書館はどう役立つか，学校司書には何ができるか（例えば，資料の提案や活用のアドバイス，授業や課題に関する資料を他校から貸借することや，パスファインダー（本書第５章「パスファインダーなど」）を提供することができる），さらには，図書館資料を活用して教材研究ができるといった点について，教員へのガイダンスも実施したい。以下のように，校内資料の保存や，授業での図書館の利用例をガイダンスで呼びかけたり，説明する場合もある。

> 図書以外に，「校内資料は書庫で保存しています」ってアピールします。「卒業アルバムや『創立何周年記念誌』，『修学旅行のしおり』，『文化祭パンフレット』など，図書館で全部保存してますから，新しい版を作るときに見に来てくださいね」って伝えると，インパクトがあります。
> 校内資料の保存は，学校図書館の重要な役割だと思います。こういうのって，いつの間にか散逸しちゃうんですよ。例えば修学旅行のしおりな

んて，個人情報保護のため，残部はシュレッダーにかけたりするので，修学旅行に行く前にもらっておかないと1冊もなくなります。

　昨年度の，授業での図書館の活用例を説明することがとても大事です。先生はこれにビビビって来ます。国語の授業で新書を紹介した，ジグソー法[4]を使って，グループ内で担当を決めて，「『源氏物語』の女性」について調べさせた，現代社会や物理の授業で，図書館の資料を使ってレポートを作成させたなど，こんなふうに使われましたって言うと，先生方は「ああこんなふうに使っていいんだ」って思うみたいです。そうすると「じゃあ私も，今度使いたいんですけど」って言ってきてくれる先生もいます。
（以上石黒氏）

2．ガイダンス実施のタイミング

　ガイダンスは，年度や学期の初めに時間を設けて行う場合もある。学校の時間割の制約上，ガイダンスのためだけの時間を取れないことも多いので，授業の中で行うケースもある。

　まず，年度や学期の初めに時間を設けてガイダンスを行っている学校の，司書の発言を見てみよう。ゲーム形式での説明やブックトーク（特定のテーマに関する一連の本を，エピソードや，主な登場人物，著作者の紹介，あらすじも含めて，批評や解説を加えながらひとつの流れができるように順序よく紹介したもの[5]）といった工夫・手法をガイダンスに取り入れている点，ガイダンスは入学時にだけ行え

4　ジグソー法（この場合，知識構成型ジグソー法）とは，授業のテーマについて，複数の異なる視点で書かれている資料をグループに分かれて読み込み，自分なりに納得できた範囲でほかのグループに説明し，交換した知識を組み合わせてテーマに対する理解を深め，テーマに関連する課題を解決する活動を通して学ぶ，協調的な学習方法のひとつである。狩野永治．"知識構成型ジグソー法を活用した授業展開：学習者の活動を中心とした授業づくり". http://www.jikkyo.co.jp/contents/download/9992656673，（参照 2018-07-08）.

5　日本図書館情報学会用語辞典編集委員会編『図書館情報学用語辞典』第4版，丸善出版，2013年，p. 214.

H29年度（2017） 職員用　越高図書館利用のしおり　　　越ヶ谷高校図書館

学校図書館は、生徒と教職員のための図書館です。
ご利用ください。

1，越高図書館の概要

開館時間　平日8：40～16：50（自習室7：30～19：00）

場所　　管理棟2階　（入口：2ヶ所）

座席数　大机6人用×9＝54　個人机10　（計64席）

蔵書数　51，079冊　H28年度受入　1110冊
　　　　　　　　　　　H28年度除籍　1182冊

購入雑誌　23誌　　新聞　4紙（＋前日分3紙）

図書管理システム　LibMax　LibFinder

設備　インターネット用PC2台　検索用PC1台
　　　エアコン　ファンヒーター　ソファ有

＜H28年度の貸出が多かった本＞

①東洋大学 2017（赤本）　　　　21回
②文教大学 2017（〃　）　　　　18回
③キングダム 1～45巻（マンガ）18～11回
④法政大学・日本大学 2017（赤本）18回
④君の膵臓がたべたい（住野よる）16回
④立教大学・國學院大學 2017（赤本）16回
⑤学年ビリのギャルが1年で偏差値を
　40上げて慶應大学に現役合格した話15回
⑤青山学院大学・成城大学 2017（〃）15回
⑥声の形 3、文豪ストレイドッグス6（マンガ）14回
⑥コンビニ人間（村田沙耶香）　14回‥

2，利用統計(H28年度)

○貸出総冊数　11,046 冊　＜県平均（H27 年度）4256 冊＞

クラス別	1 組	2 組	3 組	4 組	5 組	6 組	7 組	8 組	9 組	合計
1 年	352	564	604	600	653	296	655	415	571	4,710
2 年	365	423	265	321	349	327	228	249	‥	2,527
3 年	223	325	404	203	192	161	303	444	‥	2,255

全日職員 1,418 冊　　定時職員 62 冊　　他校など 74 冊　　　　　　総合計 11,046 冊

○1 日平均の貸出冊数　　　　　　48.7 冊（開館日 225 日）
○生徒一人当たりの貸出冊数　9.4 冊（生徒数 1,015 人）＜県平均（H27 年度）5.4 冊＞
○貸出登録率（1 冊でも借りた人）78.0%　　　　＜県平均（　〃　）38.0%＞
○授業利用時間　　　　　　　　123 時間　　　　＜県平均（　〃　）62.2 時間＞

3，図書以外の資料

校内資料（書庫で保存）

学校要覧、学校案内、高校生活の手引き、ＰＴＡ広報、進路のしおり、
卒業アルバム、80 周年記念誌、90 周年記念誌、修学旅行のしおり、文化祭パンフレット、
図書館報「葦」、生徒会誌「あしあと」、漫画文芸部誌「幻想連歌」　他

◇多くの校内資料を保存しています。欠号があるものもありますが、ご利用下さい。
◇上記の資料を作成した時、または保存してほしい資料がある場合、図書館へ寄贈をお願いします。

購入雑誌・新聞一覧（H29 年度）　◆新規購入　　　◇毎週木曜日午前に、まとめて配達されます。

時事	ＡＥＲＡ（アエラ）	音楽	Rockin' on JAPAN	ＴＶ	ザ・テレビジョン
時事	ニューズウィーク日本版	美術	◆美術手帖	映画	ＳＣＲＥＥＮ(スクリーン)
時事	新聞ダイジェスト	家庭	オレンジページ	アニメ	ＮｅｗＴｙｐｅ（ニュータイプ）
受験	蛍雪時代	料理	◆きょうの料理ビギナーズ	出版	ダ・ヴィンチ
国語	文芸春秋	保健	きょうの健康	沖縄	うちな
数学	大学への数学	スポーツ	Number（ナンバー）		
理科	ＮＥＷＴＯＮ(ニュートン)	経済	◆日経エンタテイメント	新聞	朝日・読売・毎日・日刊スポーツ
社会	◆ナショナルジオグラフィック	ファッション	ｎｏｎ・ｎｏ	新聞	日本経済・埼玉（前日）
英語	English　Express	ファッション	Ｍｅｎ's　ｎｏｎ・ｎｏ	英字	週刊ST・TheJapanTimes

図4-1　教職員用の利用案内（左ページ。高等学校）。生徒向けの利用案内（本書第2
　　　章1図2-8, 2-9）よりも内容が詳しい

4．日常の利用について

○資料（本・雑誌）を借りる

＜期間冊数＞資料は３０日間、３０冊まで借りられます。

（生徒は１４日間、１０冊まで）

＜借り方＞借りたい本をカウンターまでお持ちください。

司書か図書委員が手続きします。

　○係の不在時はカウンターの「貸出記録用紙」に、氏名・

本のバーコード番号を記入してください。

＜返し方＞図書館のカウンターか入口の返却ポストへどうぞ。

○本をリクエストする・予約する

　読みたい本・必要な資料は司書に随時ご相談ください。

状況に応じて、購入または県立図書館などから借ります。

＜申し込み方法＞

・リクエスト用紙かメモ用紙に記入して司書に渡して下さい。

○本を探す

＜本のタイトル・著者名などがわかっている場合＞

　図書館内の資料は、図書館内の PC で検索できます。

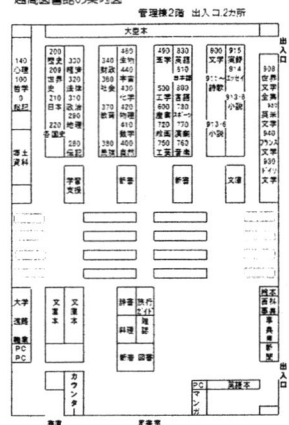

＜本のタイトル著者名がわからない場合（レファレンス）＞

・資料に関する質問・調査等、随時受け付けますのでお気軽に司書にお問い合わせください。　（内線３０）

5．授業での図書館利用について

　図書館で、授業や調べ学習をさせたいという場合、司書に相談いただければ、資料の提案・活用のアドバイス・利用指導など、できるだけお手伝いします。パスファインダーも作成します。教材研究もどうぞ。

◎授業で使いたいときには…

　教科の授業や LHR で図書館を利用したい場合、職員室にある「図書館使用簿」に記入をお願いします。事前に司書にご相談いただければ、関連図書を他校から借り集めたり、コーナーを作ったりできます。

＜昨年度の授業利用の例＞

・国語科の「備忘録（読書記録ノート）」記入のために読む本を探させたい。新書を紹介してもらいたい。

・現代社会・物理の授業で、図書館の資料を使ってレポートを作成させたい。

・国語のジグソー法の授業で、グループ内で担当を決めて「源氏物語」の女性について調べさせたい。

・美術の授業で、グラスに彫る図案を「写真集」「画集」などから選ばせたい。

・保健の授業で、分担したテーマをグループで調べさせたい。（他校から借りた本を提供）　　　　　他

◎授業や課題などの資料は、購入または他校から借りて集めます。

　図書館資料を授業や課題で使いたい時には、テーマと内容を連絡くだされば、資料を集めます。

◎司書は、調べ方の説明やブックトーク（図書紹介）を行います。

　司書は、授業の導入などで生徒に対して、資料の紹介（ブックトーク）を行うことができます。

　図書の検索方法や、事典など参考図書の紹介、目次・索引の使い方などを説明することもできます。

6．クラス担任の先生に

◇図書館からのお知らせを生徒に渡して下さい。（リクエストや予約本の到着連絡・督促状など）

◇広報紙「りーぶる」の配布を、お願いします。

◇督促についてご協力をお願いします。

　毎月一回、未返却の生徒に督促状を発行しますので、配布をお願いします。

　紛失や汚損の場合は、弁償してもらうこともあります。３年生の卒業前は、必ず返却していただきます。

◎越高図書館をどうぞご利用ください。　図書館活動へのご協力、よろしくお願いします。

図4-2　教職員用の利用案内（右ページ。高等学校）

ばよいのではなく，生徒の成長に合わせて本来は毎年行うべきだと述べている点などが注目される。

——新入生オリエンテーションの時期に，全体に説明する時間はありますか？

　はい。1クラス1時間あります。「どこに何があるか」を分かってほしいので，生徒たちに探検ゲームのようなものをさせます。分類クイズとでも言いましょうか。本を探し出してくるクイズをさせるんですね。

　それから，勤務校には「課題図書」，「推薦図書」というのがあり，朝読書で読むことになっていますので，それらの説明をします。「課題図書や推薦図書にはこういう本があります」というブックトークを行います。1時間しかないので，これでだいたい手いっぱいになっちゃいます。

——昔に比べれば，今のお子さんたちは，読書環境が良くなっています[6]。中学生になっても，抵抗なく学校図書館に来るものでしょうか？

　そうですね。小学校には「図書の時間」（児童生徒が学校で本を読むことに充てる時間。現行の学習指導要領に図書の時間はない。だが，各学校それぞれのやり方で，特別に時間を確保している例がある。授業時間の合間に設けたり，国語の時間の一部を充てるなど，さまざまな例がある[7]）がある場合が多いので，図書館になじみがないっていうことはないです。ただ，中学校になると図書の時間はないので，基本的に，来たい生徒が来るっていうことになります。やっぱり，図書館にはなるべく来てほしいので，どういうメリットがあるかを生徒たちに説明しますね。

　おもしろい本があるよっていうだけじゃなくて，自習や授業に役立つことがいっぱいある。実際に書架を案内しながら「ここにこういう本が入っ

6　後藤敏行『学校図書館の基礎と実際』樹村房，2018年，p. 122.
　　また，「学校図書館の現状に関する調査」（本書第3章コラム）を経時的に見ても，学校図書館をめぐる状況は，十分とは言えないにせよ，徐々に良くなっていることが読み取れる。
7　図書館用語辞典編集委員会編『最新図書館用語大辞典』柏書房，2004年，p. 431.

ていて，ここにはこういうものがある，これはこういうときに使えるよ」みたいな話もしますね。

　現状では，新入生オリエンテーションの時期にガイダンスがあって，新2年生や新3年生へのものはありません。2年生には2年生，3年生には3年生の使い方があるので，本当は，全学年に毎年行うべきじゃないかなとは思っています。実際にそうしている学校もあります。(清水氏)

次に，ガイダンスのためだけの時間を設けて行うのではなく，授業の中でガイダンスを行っている学校司書の発言を紹介する。授業の流れに合わせて学校図書館の利用法を児童に説明したり，教員とのコミュニケーションを重視している。

　ガイダンスは大事です。学校司書としては，いくらでも丁寧に時間を割きたいって思うんです。けれど，学校では授業や諸行事がぎっしり詰まっていて，時間が本当に早く流れていきます。

――確かに。そうなると，児童たちは，図書館の利用法を体系的に習う場合もあれば，経験的に覚えていく場合や断片的に習う場合もある，ということでしょうか？

　そうですね。学校には時間割があって，それ以外の時間はありません。調べ方の練習の時間や，百科事典の使い方の時間など，図書館だけにゆっくりじっくり向き合う時間が欲しいですが，現実的には難しいです。

　そのため，例えば社会の調べ学習で児童が図書館に来たときに，奥付を見る方法をちょっと話させてもらったり，理科の調べ学習で昆虫がテーマのときに，図鑑の使い方を伝えたり，「どこかに滑りこませる」工夫をしています。担任の先生とうまくコミュニケーションを取れることが大事です。(相澤氏)

第5章

資料・情報の提供

1. 貸出

　貸出は，利用時間や利用場所が閲覧のように限定されないので，児童生徒にとって自由度が大きい。通常，レファレンスブックや貴重品扱いの資料などは禁帯出扱い（貸出を認めない扱い）である。ただし禁帯出扱いのものも，学習上の必要を考慮して，授業時間内の貸出や，一晩だけの貸出（一夜貸し，オーバーナイトローン）をすることがある。長期休業日中は，読書や自由研究の便を

写真5-1　貸出の風景（石黒氏）

図るため，貸出冊数を多く，返却期限を長くする場合がある。

　学校司書は常勤でなく，非常勤であるケースのほうが多い（本書第3章3）。非常勤の学校司書は常勤に比べて勤務時間が短いという事情もあり，返却資料の配架を児童生徒自身が行う学校もある。児童生徒が分類項目を学んだり，多様な資料の存在を知る機会にもなる。ただし，返却資料を児童生徒自身が戻すやり方の場合，資料の配架方法についての説明が必須であるが，それでも，書架が乱れがちになる。定期的な書架整理（シェルフリーディングとも。配架の乱れを整理整頓する作業）が必要になる。

　借りた資料を期限内に返却せず，延滞している児童生徒に対しては，督促を行う。小学校では，延滞している資料を返さねばならないことを学級担任から注意してもらうことが効果的であるとの意見を，本書の取材協力者が述べている。

> 　月末に利用状況を集計したあと，各担任の先生に，このクラスは何冊貸出がありました，などの情報を伝えます。そのときに，その時点で返却が遅れている児童の一覧を担任の先生に渡して，個別に声をかけてもらうようにしています。
>
> 　勤務校は小規模なこともあり，児童に直接会ったときに，延滞について，学校司書の私から直接伝えることもできます。でも，「担任の先生から声をかけてもらう」という点が重要なんです。担任の先生から言われると，やっぱり，「あ，返さなきゃ」と感じるようです。その際，延滞者と延滞資料を貼り出してしまったり，「誰々さん，『(書名)』を返してね」という表現で伝えてしまうなど，読書の秘密を侵害することがないよう先生にお願いはしています。(相澤氏)

　図書館界で共有されている考えに「読者が何を読むかはその人のプライバシーに属することであり，図書館は，利用者の読書事実を外部に漏らさない[1]」というものがあり，学校図書館も同様である。この立場にたてば，児童生徒が何を借りているか，教員に対しても知らせたくはない[2]。この点について，以

下のような工夫をしている例もある。

> 延滞資料の督促の際，業務システムで督促状を作成すると，生徒の氏名と本のタイトルが両方印刷されてしまいます。それを先生に提供するというところに非常に抵抗があります。そのため，生徒が何を借りているか，何冊借りているかが分からないよう，督促状を折る工夫をしています（写真5-2参照）。一度開封してしまうと戻せなくなるようになっています。手間がかかりますが，読書事実を漏らさないことがそれだけ重要だと，先生にも生徒にも知ってほしいと考えています。（尾﨑氏）

写真5-2　プライバシーに配慮した督促状（中学校）

1　日本図書館協会．"図書館の自由に関する宣言"．http://www.jla.or.jp/library/gudeline/tabid/232/Default.aspx，（参照 2018-07-08）．
　　なお，「図書館の自由に関する宣言」と表裏一体の関係にあるものとして，「図書館員の倫理綱領」も参照。
　　日本図書館協会．"図書館員の倫理綱領"．http://www.jla.or.jp/library/gudeline/tabid/233/Default.aspx，（参照 2018-07-08）．
2　ただし，「児童生徒が何を借りているか，教員に対しても知らせたくはない」という点には，議論の余地はある。例えば，自殺に関する図書をある生徒が繰り返し借りているような場合，学校司書は学級担任などにそのことを絶対に相談してはならないのか（そのような場合に，書名でなく，利用傾向を相談することも駄目か），利用者の読書事実を外部に漏らさないと上で述べているが，学級担任などの教員は学校図書館の「外部」なのかといった点に，検討の余地はある。これらについては，本書では指摘をするにとどめ，稿を改めて論じたい。

　小説などが，映画化やドラマ化，アニメ化などされると，原作を読みたいという要望が増え，貸出が伸びる。書架に入った状態よりも見つかりやすくなるよう，「映像化された本」，「これから映像化される本」などのテーマで展示を行ってもよい（本書第2章3（1）写真2-25，2-26参照）。

　コーナーを設けて展示すると，書架に入った状態よりも児童生徒が資料に気づきやすくなるのは，上記の例だけではない。「いじめについて考える本」というコーナーを作り，生徒が資料を手に取りやすくしている事例もある（本書第2章3（1）写真2-22参照）。

> 　誰がいじめの当事者かは分からないので，いじめをテーマにした本を直接薦めるのは難しいです。そこで，いじめに関心のある生徒がここから借りられるよう，コーナーを設けました。文学作品や，どう対応したらいいのか，どうしていじめが起こるのかをテーマにした本も一緒に置いています。書架に通常どおり配架されている状態よりも，サッと，興味があるからただ借りたっていうふうに，借りやすくするねらいがあります。この展示を設けたら，けっこう貸出が増えました。ときどき資料を入れ替えています。（清水氏）

2．資料紹介

　展示・掲示（本書第2章3）や広報・PR活動（本書第2章5），学校図書館利用のガイダンス（本書第4章）など，本書でこれまで述べてきた学校図書館の活動の多くが直接的または結果的に資料紹介になっていると言える。本節では，それらと重複する面もややあるが，直接的な資料紹介に焦点を絞って解説する。

　資料紹介（または実質的に資料紹介でもある活動）の具体例を以下に列挙する。そのうえで，教員との打ち合わせも含め，資料紹介の実際について述べている，本書の取材協力者（小学校，および高等学校の学校司書）の発言を紹介する。

- 学校図書館を活用する何らかの授業で児童生徒たちが来館した際に，教員と事前に相談して用意していた図書や，教科書で紹介されている図書について，現物を見せてブックトークや読み聞かせ（図書（絵本も含む）を読んで聞かせること）を行う。
- 学校独自に，または自治体レベルで推薦図書などの図書リストを作成している場合がある。それらに基づいて，学校図書館を活用する授業内や，展示などを通じて資料を紹介する。
- 新着図書や時期に応じた資料（例えば，春なら新入生向けの図書，夏なら長期休業日中の読書に適した図書）を掲載するなど，学校図書館便りを通じて資料を紹介する。
- 授業で落語に出会ったらほかの落語にも親しむ，授業で神話に出会ったらほかの神話にも親しむ[3]などの，教科書と関連させて図書を読む，並行読書を行う。

　ブックトークは図書の時間に行うことが多いです。図書の時間で児童が図書館に来るときは，「児童たちに本を読ませること」を先生方は目的にしています。なので，ブックトークは冒頭の10分などに行います。学習内容に関連するものを紹介するのがよいか，学校司書の側でテーマを決めたほうがよいかなどについて，事前に先生と打ち合わせをします。

　読み聞かせも，授業で図書館を使う1週間前に，「来週どうします？」みたいに簡単に打ち合わせをして，授業の中で時間を取って実施しています。前の勤務校での話ですが，図書館を使う授業の場合，3年生までは読み聞かせを必ず実施していましたね。

　日常の授業以外では，学校が定めた読書月間中のイベントに，今の勤務校では「読書バイキング」という，学校司書だけでなく，先生方が参加して，学校全体で読み聞かせを行う取り組みがありました。前の勤務校では「どこでも読書」と呼んでいました。

3　塩谷京子『司書教諭の実務マニュアル：シオヤ先生の仕事術』明治図書出版，2017年，p. 88.

　ストーリーテリング（語り手が物語を覚えて，聞き手に語ること）に関しては，今の勤務校では，学校司書が行うのではなく，定期的に外部のボランティアにお願いしています。4～6年生は教室で，1～3年生と特別支援学級の児童は「ゆめのへや」という絨毯敷きのスペースで，それぞれ行います。（相澤氏）

　勤務校の特徴的な活動に「備忘録」というものがあります。国語で使用する読書記録ノートですね。これを生徒に渡して，例えば，5月は「NDCの200番台（歴史）と300番台（社会科学）の本を読みなさい」，7月は「ビブリオバトル（本書第6章1）のための本を読みなさい」といった課題を出します。そのときに先生が生徒たちを学校図書館に連れてくるわけです。

　そこで私が出ていって，「200番台の本にはこんな本があります，300番台はこんな本です」って話します。そうすると，生徒は興味を持ってくれて，紹介した本が次から次へと借りられていきます。1学年8クラス全部やるときは，もうどんどん借りられちゃうんで，次から次へと，別の本を紹介しなくちゃいけない。でも適当にならず，ちゃんと特色のある本を紹介するようにしています。効果はてきめんです。

　国語の「備忘録」以外でも，保健の授業で生徒がレポートを作るっていうときに，環境問題や労働問題，それぞれのテーマに応じて，こんな本がありますって紹介しました。やりすぎると生徒が本を選ぶ時間がなくなるので，手短に。

　図書館の資料を授業で紹介するときは，「何が必要とされているか？」を考えます。教科の先生との事前の打ち合わせが大事です。授業の内容と関連が強いものをあらかじめ用意しておくと，生徒は興味を持って聞いてくれます。（石黒氏）

3. 資料相談

　図書館の世界で一般に，利用者が読みたい資料を入手できるよう図書館員が援助することを読書相談サービス（または読書案内など）と呼ぶ。図書館利用者は，具体的にどの資料を読みたいという意図を持って来館するわけでは必ずしもない。「何かおもしろいものはないか？」といった漠然とした場合もあれば，「この分野の資料」とだけ決めているようなケースもある。利用者が求めているものを明確にするために，対話が重要になる。また，図書館員が資料を熟知している必要もある。新着図書案内やテーマ別ブックリストの作成（図書館のウェブサイト上のものも含む）も読書案内として有効である。

　本書の取材協力者の発言を小中高校ごとに以下で見ていくが，上に述べたことは基本的に，学校図書館にも当てはまる。例えば，以下のどの取材協力者も，児童生徒とのコミュニケーションの重要性を指摘している。なお，本書では，読書のための相談だけでなく，学習のため（授業中に調べ学習をしたり，課外に宿題をしたりなどするため）の相談も含めて，読書相談ではなく資料相談という表現を用いる。

　資料相談を学校司書にできることを児童に呼び掛け，知ってもらうこと，相談に来たときに適切な対応をするためにも，日ごろから児童を観察したり，コミュニケーションを取ったりすることが重要であることを，本書の取材協力者は次のように指摘している。

　　——児童たちが「こういう本はありますか？」と尋ねてくることはありますか？

　　あります。こちらから何も言わないでいると，学校司書がどういう仕事をする人か，児童たちはイマイチ分からないままです。「カウンターでピピっとバーコードを読んでくれる人」，「図書の時間に読み聞かせをしてくれる人」どまりだったりするかもしれません。

　　「図書館で分からないことがあったら，私に聞いていいんだよ」，「私は

図書館の本のことをみんなよりも知ってるし，限られた時間の中で本を選んだり，何かを調べなきゃいけなくて，どこに何があるのかも分からない，何がどこに載っているのかも分からないときは，聞いちゃったほうが早いんだよ」っていうのを，さんざん，前の勤務校でも今の勤務校でも言い続けてきました。

　そうしたら，自分から私にコミュニケーションを取ろうとする児童がやっぱり増えたんですね。読書に関する質問の中身は「どんな本を読んだらいいか分かんない」とか。慣れてくると「お薦めは何ですか」，「この本は図書館にありますか」とか。調べ学習に関する質問は，「この本は図書館のどこにありますか」のたぐいが多いですね。「あれはあの辺にあるな」と児童たちが分かっている分野もありますが，例えば「世界の食べ物の本」などは，書架のどこにあるか，児童たちは見当をつけづらいようです。

　質問内容はさまざまですが，「学校司書を利用してよい」っていうことを知ってもらうことが始まりですね。

──「学校司書になったものの，児童とどう接していいか分からない」という状況だと，大変かもしれないですね。

　そうですね。学校司書として淡々と，本のプロとして仕事をこなしつつ，相手は大人ではない，高校生でも中学生でもない，という点を意識することが大切だと思っています。

　図書館の中の彼ら・彼女らの様子だけじゃなくて，学校の日々の暮らしの中での彼ら・彼女らを見ていく必要があります。図書館に来たときの様子と，教室での様子は違うことも多々あります。「なんだあんないい子にしているじゃないか」と（笑）。

　普段はおとなしそうに見えるけど，行事のときはすごい張り切っているなとか，いろんな場面を見ると，その児童のことが分かってきます。ちょっと時間が必要ですね。見てるだけでは埋められないものもありますので，実際にコミュニケーションもどんどん取ります。公共図書館では無理ですが，学校だと，出会い頭に話しかけたり，ちょっと捕まえて何でも

写真5-3　資料相談の風景（相澤氏）

ない話をしたり。児童の興味を知るうえでも，お互いがコミュニケーションを取ろうとするのが，本当に重要です。それがあって，「何の本読んだらいいか分かんない」みたいな相談に来たときに，「あなた猫好きだったよね」とか，「野球得意だよね」のような，個別の対応ができます。(相澤氏)

　中学生からの質問の傾向（漠然とした質問が多いこと，質問の内容が多様であること）や，教員からの質問に関しては，本書の取材協力者が次のように述べている。

　——中学校の学校図書館では，どういった資料相談が来ますでしょうか？
　　漠然としてるのが多いんです。小学校ほどではないと思いますが，「何となく，こんな感じのが知りたい」みたいな。
　　よくよく聞いてみると，違うところにポイントがあったり，突拍子もない質問ではなかったりっていうことがよくありますね。生徒の心の中の「こういうことが知りたい」っていうのを掘り出してしまえば，「そういう資料はないな」っていうことはほとんどないです。「あ，そういう資料

だったら書架のこの辺かな」と見当がつきます。

——そういうやり取りができるためには，ある程度経験が必要でしょうか？

　そうですね。何が欲しいのかをちゃんと聞きだすことは簡単ではないです。

　すごく難しい言い方で聞いてくるわりに，実際に欲しい資料はすごく簡単なものだった，ということもあります。「錯視（形・大きさ・長さ・方向・色などが，客観的に測定される状態と違った見え方を生ずる現象）がなぜ起こるかについて知りたい」という質問を受けたことがあります。なぜ起こるかってけっこう難しいなと思うんですけど，錯視に関する本をいくつか出して「こういうのどう？」って言ったら，いちばん絵本っぽいのを借りていったりとかですね。脳科学的なこととか心理学的なことを調べたいのかなと思って，ちょっと構えちゃったんだけれども，生徒はそこまでのことを要求していなかった（笑）。

　資料相談は，授業の課題に関連するものもありますし，個人の趣味で聞いてくる生徒もいます。進路相談も含め，人生相談のような質問もあります。

　例えば，3年生になると受験だから，「受験のためになる本が読みたい」とか。ただ単に「おもしろい本」じゃなくって，「推薦入試で面接があるから，これを読んだらすごいと思われるような本が読みたい」とかですね。「勉強ってなんでするの？」と聞いてきた生徒もいます。

　ある生徒が，「女子力女子力ってウザいんだよね」と言ってきました。「じゃあ女子力って何よ」って切り返して，「もっと言葉を厳密に使おう。「ウザい」とか「女子力」とかの言葉をもう少し細かく分けてみよう」というテーマの本を用意して，「こんなの読んだら？」って応えたりもしました。

——学校図書館は教員も使います[4]。先生方からの資料相談は？

　はい，ありますね。先生が個人的に，「おもしろい推理小説はないですか」みたいに，休みのときに読まれる本を相談に来ることもあります。で

も，多いのはやっぱり授業関連の相談ですね。「今度電気について授業をするので，何年生だから，これぐらいの感じの，難しくないやつはありますか？」とか，「写真が多いものはありますか？」とか。最終的に先生が授業で紹介するのが2冊だとしたら，5～6冊くらいはこちらで事前に用意して，先生に選んでいただくようにしています。(清水氏)

　高校司書の本書の取材協力者も，資料相談には読書に関するもののほか，進路や授業の課題に関するものも多いこと，コミュニケーションが大事であることを以下のように述べている。また，以下の最後の段落の「高校生でも，先生の影響というものは大きい」という発言も，教員と学校図書館が協力して児童生徒の支援を行うことにつながりうるものであり，注目したい。

　「おもしろい本ない？」ってのはよくされる質問です。そのままだと漠然としているので，その生徒が何を求めているのか，「ちょっとヒントをくれる？」って言って，聞いていきます。「あなたが今まで読んだ小説でも，漫画でも，映画でも，ドラマでも何でもいいから，今までどういうのがおもしろいと思った？」って聞くと，何らかの答えがあります。それに似た本を探していくわけです。

　私が思い込みをしたり，勘違いする場合もあるので，ひとつの本を出して駄目だったら，すぐにそれを取り替えます。「それが駄目ならこれね，ああそういうんだったらこれね」みたいに，反応を探りながらいろんな本を提案してあげて，その生徒がどれに食いつくかですね。

　進路関連の相談も多いです。はじめは「小論文の本が読みたい」とだけ言ってきたりします。どういう本を紹介してよいか，それではよく分からないですよね。なので，いろいろ質問をします。「あなたはどの学部をめざすの？」みたいなことを聞きながら，一緒に本を探していきます。

4　学校図書館法2条。学校図書館法については以下も参照。
　後藤敏行『学校図書館の基礎と実際』樹村房，2018年，p. 21-29.

——なるほど。その生徒が本当に知りたいことを引き出していくようなイメージでしょうか？

　そうです，そうです。話してみると，「自分は体育の先生になりたくって，入試で小論文があるんだけど，参考になる新書はありますか」のように質問が具体的になります。「部活は何かやってたの」と聞くと「バレーボール」。「だったら，バレーボールの技術書にはこんなのがあるよ」と教えましたが，「技術書はいらない」って言うので，「じゃあ，「子どもの貧困」とか，教育関係の本もあるよ」と，別の観点のものを薦めてみました。

——授業でこういう課題が出たが，関連する資料はありますか，といった質問は？

　いっぱい来ます。今，「沖縄」に関する課題が授業で出ています。米軍基地，沖縄戦，沖縄文化の3つから選択するレポート課題のようなのですが，「これとこれに関する本，何かありますか」みたいな質問がたくさん来ます。「どれに興味があるの？」って聞くと，例えば「沖縄文化で行きたい」と。「こういうのと，こういうのと，こういうのがあるよ」と現物を紹介すると，どんどん借りられていきます。

　資料相談に関して気づいたことを最後に言うと，高校生でも，先生の影響というものは大きいです。たまに，すごく珍しい本を借りていく生徒がいるんですね。「この本をどうやって知ったの？」って聞くと，「あの先生が授業で薦めていたから読みたいと思った」みたいな答えが返ってくることがあります。「この前，生徒が先生のお薦め本を借りに来ましたよ」って言うと，先生は嬉しそうになさいます。そういうフィードバックをして，また薦めてみようって思ってもらえるとよいですね。（石黒氏）

▶パスファインダーなど

　パスファインダーとは，自分の求める資料を探し当てるために，どのような手順で，どのように探していけばよいかが体系的にまとめられているツールで

ある。関連資料や情報を必ずしも網羅的に記載するのではなく，資料の探し方を記載する点で文献リストとは異なる。また，広いテーマについて一般的な情報探索法を紹介するのではなく，具体的な，小さなトピックに絞って作成される。印刷体で作成されることも，ウェブ上で構築されることもある。

現状では，パスファインダーは学校によって取り組みに差がある。パスファインダーを作るよりもほかのことを優先したいという意見もあれば，資料・情報提供や授業支援の一環として積極的に作ろうという立場もある。蔵書検索用端末の不足（公立学校では蔵書検索用端末が１台だけであることも多い）をパスファインダーの提供で補うという考え方もある。熱心に取り組んでいる学校の中には，外国人生徒のために英語でパスファインダーを作成している例もある。

パスファインダーの例として，「環境について調べてみよう！」を紹介しておく。新潟市立図書館のウェブサイトに掲載されている，子ども向けのパスファインダーである（本書への掲載について許諾済み）。

さらに，LibraryNAVIという，手のひらサイズのじゃばら折りのリーフレット[5]も紹介しておく。神奈川県学校図書館員研究会の研究活動から，情報・メディアリテラシー教育のためのツールとして考案されたもので，LibraryNAVI研究会が研究開発を行っており，商標登録もされている[6]。さまざまなテーマについて作成されうるが，一例として，芥川龍之介をテーマにしたLibraryNAVIを挙げる。埼玉県立春日部女子高等学校の学校図書館が作成したもので，芥川龍之介について手短に紹介するとともに，同館が所蔵する関連書を挙げて，生徒の興味関心を喚起し，図書の検索と入手を助けている。図５－２はLibraryNAVIを開いたものであるが，上記のとおり，本来はじゃばら折りのリーフレットである。折りたたむとどのような形状になるかは，写真５－３を参照してほしい（いずれも本書への掲載について許諾済み）。

5　リーフレットとは，１枚の紙を折って２〜４ページの冊子体状にしたもの。
6　LibraryNAVI研究会．"LibraryNAVIとは"．LibraryNAVIアーカイブ．http://libraryn avi.seesaa.net/article/22561547.html，（参照 2018-07-08）．

ほんぽーとこどもとしょかん　パスファインダー　vol.3

新潟市立中央図書館（2018 年 7 月改訂）

環境について調べてみよう！

このパスファインダーでは，「環境」について調べるための資料や情報を紹介します。

＜もくじ＞

1　キーワードから探してみよう！
2　リサイクルについて調べてみよう！
3　地球温暖化について調べてみよう！
4　エネルギーについて調べてみよう！
5　インターネットで調べてみよう！

こどもとしょかん
シンボルキャラクター
「るーぽん」
デザイン：黒井 健

※【　】の中は中央図書館の本に貼ってあるラベルの番号です。
　見つからないとき，場所がわからないときは，そうだんカウンターで聞いてください。

1　キーワードから探してみよう！

「環境」について手がかりとなるキーワードをあげてみよう！

> リサイクル・地球温暖化・エネルギー・資源・自然保護・公害…など

☆こどもとしょかん内の本の検索機（OPAC／オパック）でも，キーワードから本を探すことができます☆

〇キーワードから調べられる本

本のタイトル	本の情報	場所　／　ラベルの番号
『総合百科事典ポプラディア』	ポプラ社　2010 年	こどもとしょかん【R031 ソ】
約24,500 のキーワードから探すことができる。おおよそのことを知りたい時に便利。		
『ポプラディア情報館　環境』	ポプラ社　2011 年	こどもとしょかん【519 カ】
目次やさくいんを使って，調べたい事柄を探すことができる。		

2　リサイクルについて調べてみよう！　＊には各巻の数字が入ります

本のタイトル	本の情報	場所　／　ラベルの番号
『ごみとリサイクル』	ポプラ社　2006 年	こどもとしょかん【518 ゴ】
『ごみの大研究』	PHP研究所　2011 年	こどもとしょかん【518 ゴ】
ごみの歴史やリサイクルのしくみなどをグラフや統計を使って説明している。写真やイラストが豊富。		
『ごみはいかせる！へらせる！　1～3』	岩崎書店　2008 年	こどもとしょかん【518 ゴ ＊】
『ごみはどこへ行くのか？』	PHP研究所　2018 年	こどもとしょかん【518 ゴ】
ごみが資源に生まれ変わる流れや，3R（リデュース・リユース・リサイクル）について説明している。		

図5-1　「環境について調べてみよう！」というタイトルのパスファインダー（1）[7]

7　新潟市立中央図書館．"環境について調べてみよう！". https://opac.niigatacitylib.
jp/pathfinder/jido/jido-3.pdf，（参照 2018-08-21）．

3 地球温暖化について調べてみよう！ ＊には各巻の数字が入ります

本のタイトル	本の情報	場所 ／ ラベルの番号
『実践！体験！みんなでストップ温暖化 1～5』	学研教育出版 2011 年	こどもとしょかん【519 ジ ＊】
『やさしく解説地球温暖化 1～3』	岩崎書店 2017 年	こどもとしょかん【451 ホ ＊】
地球温暖化に対処するために知っておくべき知識を紹介。		
『異常気象の大研究』	PHP 研究所 2013 年	こどもとしょかん【451 イ】
異常気象の特徴・原因・影響などについて解説している。		
『これならわかる！科学の基礎のキソ 環境』	講談社 2015 年	こどもとしょかん【519 コ】
地球温暖化，熱波や寒波，酸性雨など，「気候変動と地球温暖化」「環境破壊」の基礎を取り上げている。		
『海まるごと大研究 3 海が温暖化しているって，ほんと？』	講談社 2016 年	こどもとしょかん【452 ホ 3】
海水温の変化や地球温暖化をはじめ，海の酸性化などについてわかりやすく解説している。		

4 エネルギーについて調べてみよう！ ＊には各巻の数字が入ります

本のタイトル	本の情報	場所 ／ ラベルの番号
『再生可能エネルギーの大研究 自然の力を生かす！』	PHP 研究所 2010 年	こどもとしょかん【501 サ】
『よくわかる再生可能エネルギー』	学研教育出版 2012 年	こどもとしょかん【501 ヨ】
さまざまなエネルギーのしくみや特徴，問題点をイラストを使って紹介。		
『エネルギー あなたはどれを選ぶ？ 1～3』	さ・え・ら書房 2012 年	こどもとしょかん【501 エ ＊】
エネルギーの歴史や問題点，将来の見通しについて理解することができる。		
『見学！自然エネルギー大図鑑 1～3』	偕成社 2012 年	こどもとしょかん【501 ケ ＊】
さまざまな自然エネルギーの特徴や，発電所の様子について紹介している。イラストと写真が豊富。		
『世界と日本のエネルギー問題』	文研出版 2012 年	こどもとしょかん【501 エ】
『よくわかる原子力とエネルギー 1～3』	ポプラ社 2012 年	こどもとしょかん【539 ヨ ＊】

5 インターネットで調べてみよう！ （インターネット情報は 2018 年 7 月 20 日確認）

WEBサイト名	URL
独立行政法人国立環境研究所 いま地球がたいへん！	http://www.nies.go.jp/nieskids/ 地球温暖化，大気汚染，生態系保護，水質汚染などの環境問題について，その原因や，地球・人体に及ぼす影響，これからの対策などを詳しく紹介している。
環境省 キッズ・ユースページ ECO学習ライブラリー	https://www.eeel.go.jp/lib/kids_bm.php キーワードごとに環境学習で役立つウェブサイトを見ることができる。
こども環境省	http://www.env.go.jp/kids/ 環境省発表の資料やこども環境白書などを見ることができる。
にいがた市民による環境大作戦 エコやろてば！	http://www.eco-yaroteba.jp/ 新潟市の現状はもちろん，環境エコ活動などをわかりやすく案内している。

新潟市立中央図書館 〒950-0084 新潟市中央区明石 2-1-10 TEL 025-246-7700 FAX 025-246-7722
HP http://www.niigatacitylib.jp/

芥川龍之介

春日部女子高校
図書館
LibraryNAVI

東京帝国大学在学中の無名作家時代である1915年（大正4年）11月に雑誌『帝国文学』へ発表された作品。最後の結びの一文はたびたび変更されている。上述『帝国文学』の初出では「下人は、既に、雨を冒して、京都の町へ強盗を働きに急ぎつつあった。」になっており、第1短編集『羅生門』では「下人は、既に、雨を冒して京都の町へ強盗を働きに急いでゐた。」となり、初出から二年半たって短篇集『鼻』(1918年大正7年7月(春陽堂)収録時に改稿され、現在のように「下人の行方は、誰も知らない」となった。

芥川作品の特徴

羅生門

・短編小説が得意。
・古典を参考にした作品や発想を得た作品も多い。
　「杜子春」
　「羅生門」「鼻」「芋粥」　→　『今昔物語集』
　「地獄変」　　　　　　　→　『宇治拾遺物語』
・初期の作品　→　説話文学（『羅生門』など）
・中期の作品　→　「地獄変」（芸術至上主義）
・晩年の作品　→　自殺を考えていたからなのか、
　　　　　　　　　生死に関する作品も執筆。告白的
　　　　　　　　　自伝もあった。
　　　　　　「大道寺信輔の半生」「歯車」
　　　　　　人間社会を批判した「河童」

おいたち

明治25年東京に生まれる。家は牛乳製造販売業を営む。辰年、辰月辰時に生まれたので龍之介と名づけられた。

生後7か月頃に母が精神に異常をきたし、母の実家の芥川家に引き取られ芥川龍之介となる。芥川家は一家で芝居を観に出かけるなど文人的趣味が残る家庭だった。

春日部女子高校図書館作成

春女図書館にある芥川関連書

芥川賞物語	川口／則弘‖著	バジリコ
芥川竜之介	大里／恭三郎‖著	審美社
芥川竜之介	後藤／明生‖〔ほか〕著	小学館
芥川竜之介	鷺／只雄‖編著	河出書房新社
芥川竜之介	関口／安義‖著	岩波書店
芥川竜之介事典	菊地／弘‖〔ほか〕編	明治書院
芥川竜之介全集　1－8		筑摩書房
芥川竜之介伝説	志村／有弘‖著	朝文社
蜘蛛の糸・杜子春	芥川／竜之介‖著	新潮社
地獄変	芥川／竜之介‖著	集英社
地獄変・偸盗	芥川／竜之介‖著	新潮社
新潮日本文学アルバム　13　芥川竜之介		新潮社
Spirit芥川竜之介	宮坂／覚‖編著	有精堂
青春のかたみ	芥川三兄弟‖著	文芸春秋
追想	芥川／文‖著	中央公論社
私の「漱石」と「竜之介」内田／百間‖著		筑摩書房

芥川龍之介の自殺

昭和2年7月24日、田端の自室で雨の降りしきる中、芥川龍之介は服毒自殺を行い、社会に衝撃を与えた。

自殺の直前には身辺の者に自殺を仄めかす言動を多く残しており、実際には早期に発見されることを望んだ狂言自殺で、たまたま発見が遅れたために死亡したとする説がある。遺書「或旧友へ送る手記」の中では自殺の手段や場所について具体的に書かれ、「僕はこの二年ばかりの間は死ぬことばかり考へつづけた。」とあることから、記述を信頼すれば計画的に自殺を企てていた節も窺える。

芥川賞ってなに？

芥川龍之介の業績を記念して、友人であった菊池寛が1935年に直木三十五賞（直木賞）とともに創設し以降年2回発表される。第二次世界大戦中の1945年から一時中断したが1949年に復活した。新人作家による発表済みの短編・中編作品が対象となり、選考委員の合議によって受賞作が決定される。受賞者には正賞として懐中時計、副賞として100万円（2011年現在）が授与され受賞作は『文藝春秋』に掲載される。

図5-2　芥川龍之介をテーマにしたLibraryNAVI

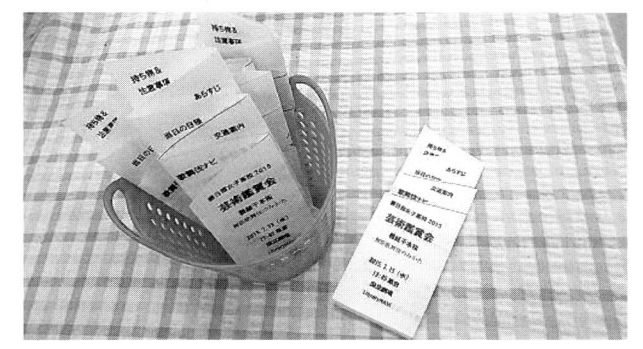

写真5-3　LibraryNAVI[8]

演習問題

　テーマと学年を設定して（授業担当者が設定してもよいし，読者自身が設定してもよい），推薦図書リストを作成してみよう。「著者名，書名，出版者名，出版年」，「図書の大まかな内容と推薦理由」を1冊につき200〜400字程度で記し，5〜10冊の図書を挙げること。

8　埼玉県立春日部女子高等学校．"7月芸術鑑賞会・歌舞伎関連本展示"．http://www.kasujo-h.spec.ed.jp/index.php?key=joqfnwtvo-886#_886，(参照 2018-07-08).

第6章

児童生徒への読書支援

学校図書館法（1953（昭和28）年制定）は，学校の教育課程の展開に寄与するとともに，児童生徒の健全な教養を育成することを目的として設けられる学校の設備が学校図書館であると定めている（2条）。「教育課程の展開に寄与する」側面から，学習情報センターとしての役割が，読書によって「児童又は生徒の健全な教養を育成する」側面から，読書センターとしての役割が，学校図書館に求められることが多い（本書第1章2で述べたとおり，最近の文献では，学習情報センターと読書センターの2分法ではなく，学校図書館は学習センターであり，情報センターであり，読書センターであるという，3分法で整理されることも多い）[1]。

このことからも分かるとおり，読書支援は学校図書館が担う主要な機能であるため，本書のこれまでの事項のほとんどがそれにかかわっている。本章では，児童生徒に対する読書支援の中でも，学校図書館が主催する，または大きくかかわる行事（単年から数年間に渡り行うものや，毎年恒例のものがある），および日々の読書推進活動について，本書のほかの事項と重ならないものを取り上げて解説する。

1　後藤敏行『学校図書館の基礎と実際』樹村房，2018年，p. 28-29.

1．図書館行事

　学校図書館の行事は一般に，公益社団法人読書推進運動協議会が主催する，こどもの読書週間（4月23日から5月12日の約3週間）や読書週間（文化の日を中心にした2週間，10月27日から11月9日），あるいは読書の取り組み強化などの目的で自治体や学校ごとに設けられる読書月間や読書旬間（旬間は10日間）に合わせて行われるケースが多いと思われる[2]。

　上の時期とは異なるが，学校図書館で行われる，または学校図書館が大きくかかわる行事の例として，本書の取材協力者からは以下が挙がった。

> 　勤務校には，学校行事として「読後交流会」というものが毎年12月にあります。課題図書（小説）を生徒全員が読んで，それについて意見を言い合います。学校全体でそれに取り組んでいるので，関連した催しを学校図書館でも同時にすることになっています。読後交流会の時期になると，課題図書だけじゃなく，同じ作家の別の著作や，テーマが似ている本の展示をしたりします。
>
> 　また，地域の方向けの読書会を図書館で開催することもあります。短編小説が多いんですが，それをあらかじめ読んできていただいて，どう思ったかを生徒たちと一緒に言い合います。読後交流会の一環とも言えます。
>
> 　ほかには「ブックトーク」というものがあります。ブックトークと言っても，この場合，ブックレビューのようなものです。複数の本ではなく，ひとり1冊を紹介します。これも全学年，全クラスで，3学期にしています。
>
> 　図書を完全に自由に選ばせた年度もあったんですけど，そのやり方だと「バラエティに富まない」ものになるんですね。そのときに流行していたライトノベルだとか，あるいは定番の，先生がいかにも褒めそうな本を選んだりして。結果，紹介する本が生徒同士でかぶってしまいました。

2　後藤敏行『図書館員をめざす人へ』勉誠出版，2016年，p. 150.

　そこで，「職業」，「人生」，「友情」，「恋愛」のように，大きなテーマを決めて，その中から，自分がまだ読んでいない本を選ぶっていうことをやったんですね。そうしたら，生徒同士でかぶらずに，しかもおもしろいブックレビューになったんです。

　かつ，生徒たちが自分で選んで紹介するっていうのが大事なようです。先生や私が本を紹介しても「どうせそれ難しいんでしょ？」とか「どうせそれマジメな話なんでしょ？」ということになるんです。そうじゃなく，友だちが読んだから，ブックレビューがおもしろかったから，じゃあ自分も読むかっていう感じになっていました。その後の図書館の貸出も，NDC の9類（文学）だけではなく，すごく良いと思っていても借り手がつかなかった本が，借りられるようになって。これはすごくいいことだなあと。

　さらに，理科で「読書新聞」という取り組みもあります。「科学関連の本を読んで，それを新聞にする」という，夏休みの宿題です。これもとても良かったですね。今年度（2017年度）は2年生が行いましたが，全学年でやった年度もあります。図書館で理科の授業をして，ミニ実験もするんです。それから，私が本の紹介をします。「科学関連の本を読んで，実験結果も書いていいから，新聞を作ってみよう」って言って，新聞形式で生徒に本の紹介をさせます。（清水氏）

　学校図書館が主催する，または大きくかかわる行事の例としてはほかに，ビブリオバトル（お気に入りの図書を持ち寄って，そのおもしろさについて5分程度でプレゼンテーションしあい，どれがいちばん読みたくなったかを参加者の多数決で決定する書評ゲーム）がある。授業時数に余裕がなく，すべての学校で必ず授業の一環として実施できるわけではない。本書の取材協力者からは，次のような事例を報告いただいた。

　　文化祭などではなく，一般的な放課後のイベントとして，読書部（本書第7章コラム）が学校図書館でブックカフェを行い，飲み物の提供を行いました。満席になるくらい大盛況でしたね。その中でビブリオバトルを

| 行っていました。(尾﨑氏)

　学校図書館で，図書委員が昼休みの20分間にやったことはあります。放課後になると部活などがあって人が集まらないので，やるなら昼休みしかなかったんですね。お客さんはけっこうたくさん集まりました。先生も来ていました。ちょっとしたイベントになりましたね。(清水氏)

　学校によっては，読解力やプレゼンテーション能力などの基礎を養うのに有用だと考え，以下のようにビブリオバトルを学年行事としている例もある。本書の取材協力者によると，以下の例では，学校司書だけでなく，国語科の教諭や管理職が実施に積極的だったということである。

　勤務校では学年行事としてビブリオバトルを行っています。2014～2016年度は，ビブリオバトルを取り組む学校に県で指定されました。昨年度(2016年度)は，クラス内で班予選をまずやって，班予選で勝ち残った生徒の中からクラス代表を選びました。さらに学年全体の前でクラス代表が一人ひとり発表しました。最終的に県大会で準優勝しちゃいました。2014～2016年度，指定校だった間は，学校図書館からの貸出冊数がぐんぐん伸びましたね。
　「ビブリオバトルに関する生徒アンケート」というものを行いました。「読みたい本が増えたか」という質問項目に関しては，全体の85％の生徒が，読みたい本が増えたと答えました。この結果を踏まえて，指定校の期間は終わりましたが，次の年もやってみようということになりました。(石黒氏)

　また，本書の別の取材協力者は，やはり授業時数との兼ね合いの問題(何のために行うのかを説明できることが必要)や，児童の個性が見えてくるきっかけになるというメリットなどを以下のように指摘している。

　　今の勤務校では，ビブリオバトルにも取り組んでいます。ビブリオバトルを行う場合，授業時間をそのために頂くことになります。「何のためにビブリオバトルをするのか」を説明できることが必要です。先生にとっては，児童の個性が見えてくるきっかけになります。児童にとっては，いろいろな本に出会えますし，「自分の言葉で人に気持ちを伝える」ということを学校は重視していますが，そういうことができるようになります。これらをお話したら，何人かの先生がビブリオバトルを取り入れてくださいました。

　　ビブリオバトルを継続してやってくださっている先生もいます。一方，1回やってみて，「やっぱりもういい」という判断もありうると思います。ビブリオバトルに限りませんが，どのような取り組みが学校に合うかは，やってみないと分かりません。読書支援について，私が研修や自己研鑽などを通じて学んだこと，この場合ならビブリオバトルのメリットは，できるだけ校内の各位に伝えようと努めています。(相澤氏)

2．読書推進活動

　本章の冒頭でも述べたように，読書支援は学校図書館が担う主要な機能であり，本書のこれまでの事項のほとんどがそれにかかわっている。学校図書館の活動のほとんどは読書推進活動であるか，またはそれにつながるものであると言える。本節では，本書のほかの事項と重ならないものに焦点を絞って（それでも，本書の取材協力者の以下の発言からも見て取れるように，完全に切り離すことは無理であるが），学校図書館の読書推進活動について解説する。単年から数年間に渡る，または毎年恒例の，特定の時期や日に行う行事を本章1で取り上げたのに対し，本節では日々の活動について論じる。ただし，本章1と本節の活動を完全に区別するのは無理がある（本章1に該当するとも，本節にも該当するとも，どちらとも考えられる活動もある）と思われる。本章1と本節の項目立ては便宜的なものと考えてもらってよい。

　勤務校の状況を述べるにとどまらず，学校図書館の読書推進活動に関する説

明として一般性，妥当性があると判断するため，長くなるが以下，本書の取材
協力者の発言を記す。

　なお，以下の発言にもある読書郵便やブックメニュー，親子読書などや，
「自分とのつながりやさまざまな視点について友だちと話し合いながら本の読
み方を身につけていくおもしろい方法[3]」とされるリテラチャーサークル，「小
学校1年生から高校3年生までの学級，クラブ，委員会，有志など40人程度ま
でのグループに作家の方が訪問して授業をおこなうというもので，朝日新聞社
が実施している[4]」オーサービジットなどについて，科目「読書と豊かな人間性」
で詳しく扱う。同科目のテクストは複数の出版社から刊行されており，どの活
動にどれだけ字数を割いて説明するかは，テクストによって異なる。関心のあ
る読者は，各社の目次や巻末索引，本文を書店や図書館で調べてみるとよいだ
ろう。

　——読書推進活動と言えるものには，どのような活動や行事が？

　読書推進活動の意味は広いです。ビブリオバトル（本章1）や読書バイ
キング（本書第5章2）も該当しますし，授業中に行うブックトーク（本書
第4章2，第5章2）も，児童が自分では選ばない本や，学習に関係した本
を選ぶという意味では，やはり読書推進活動だと思います。

　自治体や学校独自の推薦図書リストに載っている本の紹介もそうです
ね。ただ図書リストを渡すだけじゃなくて，読んだものにチェックさせた
り，チェックが埋まったら表彰したり。モチベーションの上がるしかけを
何らかの形で各学校がしていると思います。

　授業時間内に教えるべきことがたくさんあるので，時間の制約は厳しい
です。そのため，例えば学級担任の先生が出張で，その間に学校図書館を
児童に使わせたい，となったときがチャンスのひとつです。そういうとき

3　「シリーズ学校図書館学」編集委員会編『読書と豊かな人間性』全国学校図書館協議会，
　2011年，p. 73.
4　朝比奈大作，米谷茂則『読書と豊かな人間性』新版，放送大学教育振興会，2015年，p.
　160.

に実施している取り組みに味見読書というものがあります。児童が日常選ばない本や，児童に読んでほしい本などを見つくろって，例えば各テーブルに児童が4人いたら10冊ずつ置いて，「ひとり1冊本を取ってね。3分間，その手に取った本を読んでね」と伝えます。はじめは「え？」ってなるんですけど，「じゃあ3分計るよ」と言うと，児童は読み始めて，「はい3分経ちました終わりです，次の人に回してください」と言うと，「えー，まだ読みたい」っていう反応が返ってきます。それを3回ぐらい繰り返して，読みたいところで終わらせてしまい，その本を児童の読書につなげる，という取り組みです。

　また，読書郵便（郵便はがきになぞらえて図書の感想を伝えたり，薦めたりするもの）も前任校ではしていました。単学級（1学年1学級）の学校だったので，本の紹介を書いて，違う学年の児童にお便りを渡していました。そのお便りをもらった児童は，紹介された本を読んでお返事を書く。児童同士で本の紹介をするのは効果的でした。児童の間でブームが起きたり。「誰々ちゃんが読んでいたあれを自分も読みたい」みたいになったりしましたね。

——確かに，読書推進活動に該当する活動はたくさんありそうですね。ほかにもありますか？

　はい。学校給食と関連づけて，ブックメニューというものを国語などの授業で行っています。食べ物が出てくる本や，食べ物が出てこなくても何かの本をもとに，「こんな給食があったらいいな」っていうのを児童が思い描いて献立を作る，という取り組みです。それを，実際の給食で全員分出します。勤務校ではブックメニューを行うのは4年生なんですけれども，その4年生全員分のブックメニューを採用して，実際の給食で出しています。それをすると，給食の楽しみも増えますし，ブックメニューで使った本がけっこう利用されるようになります。ブックメニューも読書推進にかかわっているなと思います。

　また，読書の木という取り組みもあります。図書館の前に，木を模した

掲示物を出します。季節ごとの実のカードも用意します。児童が物語を読んだら感じたことを，調べ物の本を読んだら分かったことをカードに書きます。書き込んだカードを木につけていく，木に実をつけていくっていう取り組みです。

　さらに，親子読書というものもあります。親子で長期休業日中に本を一緒に読む活動です。親が子どもに読んであげたり，逆に子どもが親に読んだり。親子って書いてあるけど実は弟妹に読んだり，ふたを開けてみると家族みんなで読んでいて，「家族読書」になっていたりします。

　それから，児童の図書委員会の活動として，貸出・返却や書架整理のほか，お昼の放送の時間に「全校読み聞かせ」を行っています。図書委員の読み聞かせは，「七夕集会」という季節の行事でも行います。放送のときはマイクで，行事で体育館を使ってやるときは，プロジェクターに本を映して，図書委員の児童が舞台の上で読みます。

──こうした活動は，上で仰っていた，学級担任の先生が出張の場合のほかは，例えば国語の授業などで行うのでしょうか？

　こうした活動は，ブックメニューを国語などの授業で行っていることや，長期休業日中の課題である親子読書，お昼の放送の時間の全校読み聞かせ，七夕集会を除けば，そのためだけの時間は確保できないです。上手にスキマ時間を使う必要があります。今の勤務校や前任校では，意識的にそうして，読む時間と書く時間両方の確保をしています。登校後の8時15分から8時半に「言葉の時間」というものを設け，こうした活動に充てています。（相澤氏）

演習問題

　グループに分かれてビブリオバトルを行ってみよう。独学で本書を利用している場合は，家族や友人と行ってみよう。公式ルール[5]は，授業担当者が説明

5　知的書評合戦ビブリオバトル公式ウェブサイト．"公式ルール"．http://www.bibliobattle.jp/koushiki-ruru，（参照 2018-07-08）．

してもよいし，市販の書籍やインターネット上の情報から，読者自身が調べることもできる。

　ビブリオバトルを行ったあとに，読者が学校司書になったと仮定して，事前にどのような準備が必要か，児童生徒にはどのような説明や配慮などが必要か，書き出してみよう。

第7章 | 児童生徒への学習支援

　やっぱり，いちばんいいのは，授業が入ることなんですよ。授業が入らないと，中学校の図書館は来たい生徒しか来ないので，「常連さんのお店」みたいになっちゃうんですよね。（清水氏）

　本書第6章冒頭で説明したとおり，学校図書館の活動の大きな柱として，ひとつには読書支援があり，もうひとつには教育課程の展開に寄与すること，すなわち児童生徒への学習支援がある。

写真7-1　社会科などで使えそうなポスターなどを図書館で整理・保存している例（中学校）

　本章では，学校図書館による教科等の指導に関する支援（「教科等」と書いたように，総合的な学習の時間なども含む），特別活動（詳しくは後述するが，児童会・生徒会活動や学校行事など）の指導に関する支援，そして情報リテラシーの育成に関する支援について解説する。その中で，事前の打ち合わせなど，教員への支援や教員との協働についても述べる。

1. 教科等の指導に関する支援

（1）教科等における学校図書館活用の具体例

　国語では図書の時間などの読書活動および調べ学習，ほかの教科や総合的な学習の時間（2022年度から年次進行で実施される，高等学校の次期学習指導要領では，総合的な探究の時間）では調べ学習など，基本的に，学校図書館はどの教科等でも活用しうると考えてよい。授業で出される課題，およびそれに合わせて学校図書館が行う支援の例にはさまざまなものがあるが，本書の取材協力者（尾﨑氏，清水氏）が挙げていたものを以下に示す。

- 野球選手など，スポーツ選手のデータを使って，平均値や最頻値などを計算する。その課題に合わせて，学校図書館でスポーツ選手のデータが掲載されている資料を用意し，生徒に利用させる。（中学校，数学）
- 英語で絵本を多読する。その課題に合わせて，学校図書館で英語の絵本を用意する（ほかの図書館からも借りて資料を用意する）。（中学校，外国語）
- 「自分で作曲をする。既存の詩の一節を使って，その曲の歌詞を作る」という課題を出す。その課題に合わせて，学校図書館で詩集を用意し，生徒に利用させる。（中学校，音楽）
- オリンピック・パラリンピックに関連する調べ学習。（中学校，保健体育）

　さらに，本書の取材協力者からは，以下の事例も聞き出すことができた。

　勤務校の取り組みに「意見文」というものがあります。各自治体で行われている「中学生の主張」作文とほぼ同じものです。日ごろ関心を抱いている社会問題に対して，「自分はこう思う」とか「こうしたい」という文章を書くというものです。差別や環境問題をテーマに選ぶ生徒が多いです。国語の時間に指導を行い，総合的な学習の時間に発表をします。

　意見文では，経時的に状況がどう変化しているか，日本と世界を比較するとどうかなど，データブックのたぐいを使わせます。データブックや社会科学の本は，最初は「見たことも使ったこともない」という感じでみんな手が出ないんですけど。「データを使うと，すごく説得力が増すよ」と言って，使わせるようにしています。(清水氏)

　勤務校では，世界史で学校図書館を積極的に使ってくださる先生がいて，前回はヨーロッパの市民革命がテーマでした。

　時期は2年生の6月ころでした。その先生のどのクラスも図書館を利用するので，先生に事前に記入してもらう利用予定表がバンバン埋まっていきました。ポスターやレポートなど，成果物を生徒に作らせました。生徒自身が授業をするという手法も取りました。例えば，ある生徒がフランス革命の担当になったら，フランス革命のプリントを作って授業をしなければなりません。プリントを作るための作業を図書館で行いました。

　「宿題にするから放課後に調べて作りなさい」ではなくて，3時間くらい，図書館を使って授業として作業を行いました。提出物があったり，目標があると生徒はがんばりますね。

　ほかにも，美術の授業でも，例えばグラスリッツェン（ダイヤモンド針でガラスに模様を刻む工芸。グラスに小動物の絵を彫るなどする）を扱う際に図書館を活用しています。花や小動物，鳥，魚の写真集。華やかで可愛いものを，やはり各校から集めて，図書館にバーッと並べるんですね。

　書道の授業でも図書館を使ったことがありました。何かのコンテストがあって，「奈良にかかわる書」を出さなければならなくなったのだそうです。書の題材を選ぶために図書館を使うことになりました。そのときは，

| 東大寺の仏像とか正倉院とか，奈良にかかわる本を集めましたね。(石黒氏)

　上のような例を挙げたうえで，「このような使い方を念頭に置くと，資料はNDC の 9 類（文学）だけではなく，まんべんなく充実させることが重要です」と清水氏は指摘していた。また，中学校と高等学校の例を上では挙げたが，小学校に勤務する相澤氏も以下のように述べ，多様な分野の資料を充実させることの大切さをやはり指摘している。

　　授業での学校図書館の活用は，学年ごとに特徴があります。1，2 年生は生活で，3 年生は理科で，身の周りの生き物を調べることが多いです。学年が上がると社会科での調べものが多くなります。
　　これらの際は NDC の 2 類（歴史），3 類（社会科学），4 類（自然科学）の利用が多いです。さらに，5 類（技術）や 6 類（産業）も高学年の調べものでかかわってきます。幅広いですね。(相澤氏)

　なお，本章冒頭でも述べたとおり，本項の「教科等」には，総合的な学習の時間（上記のとおり，高等学校の次期学習指導要領では，総合的な探究の時間）も含まれる。小学校にはそれに加えて道徳と外国語活動（外国語活動は高学年のみ）が，中学校には道徳がある（小学校では2020年度から，中学校では2021年度から，次期学習指導要領が全面実施される。小学校では，中学年で「外国語活動」が，高学年で「外国語科」が導入される。小学校，中学校ともに，道徳は特別教科化され，道徳教育が充実するとされている。なお，特別活動については次項で論じる）。
　道徳では（道徳だけでなく，上述の各教科でもありうるが），「教科書に一部が抜粋で掲載されていた作品の，全文を読みたい」，「授業内容に関連する図書を複数用意して，児童生徒に読ませたい」という相談を受ける場合がある（この種の相談は，学習支援だとも言えるが，読書支援だと考えることもできる。読書支援と学習支援という，学校図書館の 2 つの大きな柱は，明確に一線を引くことができない場合もあるのである[1]）。
　小学校の外国語活動では，例えば，「人物当てクイズ」をするために伝記が

求められたり，各国の国旗について授業で触れる際に，国旗の図書が求められたりする。教員との打ち合わせのもと，授業に必要な資料をそろえておきたい。

（2）教員との打ち合わせ，授業に向けた準備，授業中の学校司書の役割

　次に，学校図書館を活用した授業のための事前の打ち合わせや，授業に向けた準備，授業の際に学校司書はどう振る舞うか，本書の取材協力者の発言を見ていきたい。

　相澤氏は，打ち合わせを通じて教員のねらいをつかむこと，そのうえで事前に図書を用意すること，足りない場合はほかの図書館から借りること，授業の場では役割の住み分けを教員と行い，主導権はあくまで教員にあると意識することなどを指摘している。

　石黒氏は，ほかの図書館から資料を借りる際の，高校間のネットワークの有用性を強調している。また，授業を円滑に進めるための打ち合わせのポイントとして，課題の出し方や，その他の話し合っておくべきことがらなどについて述べている[2]。

> 　打ち合わせでは，授業の目標をどう達成させるか。ノートに書かせるのか，何かレポートを作成させるのか。どれくらい時間を割いて調べるのか。そういうことを話し合います。次第に，先生がねらっていることや，「こういうことを理解させたい」と思っていることがつかめてきます。
>
> 　私が図書館の本を集めて，「こんな感じでしょうか？」や，「このくらいの本だったら児童たちは読めますかね？」など，確認をします。私が良いと思った本とは別のものを先生は取って，「これが多分使えると思う」となることもあります。

1　新井恒易「学校図書館法の解説」『新しく制定された重要教育法の解説』東洋館出版，1953年，p. 15.
2　筆者は別の著作でも，「学校司書と教育」を主たるテーマに，教員と学校司書が一緒に授業をする際のポイントや，学校司書が教員をどうサポートするかなどについて取材を行い，その結果を紹介した。関心のある読者は参考にしてほしい。
　後藤敏行『学校図書館の基礎と実際』樹村房，2018年，p. 78-89.

　児童の人数を考えると，勤務校の学校図書館にあるものだけでは本が足りない場合も多いです。ほかの小学校や公共図書館からも本を借りて，ブックトラックに並べておきます。

　実際の授業では，文章の書き方だとか，ワークシートの適切な埋め方だとか，普段教室で行っているような指導を担任の先生はします。先生も本の内容を把握してはいますが，すべてひとりでやろうとすると，授業がうまく進みません。なので，先生は上に述べたような役割，私は本に関するアドバイスというように住み分けをしています。そうすると，児童も，「授業に関することは先生に，本のことは学校司書に聞けばよい」というように，聞く人を使い分けられるようになります。

　授業中，私は端のほうに立ってたり，カウンターのそばにいたりして，何も言われない限りは何も言葉を発しません。「今日はあれとこれを調べます。何か相澤先生からありますか？」って先生が話を振ってくださる場面もあります。そういうときに，本のことに関してお話ししたり，ブックトラックに集めた本（あらかじめ準備しておいた本）のほかにも書架のいろんな所に本は散らばってるから見るようにとか，分からなかったら私に聞くようにとか，話をします。（相澤氏）

　図書館では，本を事前に集めます。市内の高校間で資料の貸借ができるネットワークがありまして，それを通じて，授業の内容が市民革命なら，それに関する本をたくさん集めておきます。

　国際子ども図書館（国立国会図書館の支部図書館。国立の児童書専門図書館として，全国の公共図書館，学校図書館，文庫などの児童サービス関係者に対して，資料・情報の提供や人材育成の支援を行っている）でも「学校図書館セット貸出し」[3]を行っています。でも，高校同士のネットワークが便利なのは，同じ高校司書だと「市民革命ならこういう本がいいね」，「美術で使うならこういう具合ね，生徒が好むのはこんな感じだね」っていうのが分かる点です。

3　国立国会図書館国際子ども図書館．"「学校図書館セット貸出し」とは"．http://www.kodomo.go.jp/promote/activity/rent/what.html，(参照 2018-07-08).

　高校生は，子どもと大人の中間ですが，どちらかと言うと背伸びをしたがります。子ども扱いされるとちょっと，という感じです。そのため，用意する本も「子どもっぽくなくて，だけど可愛い」ものがよいです。それから，古っぽいのはきっと受け付けないんですよ。写真集なら「今どき」のものじゃなきゃいけない。そういうのが分かるのは，やっぱり同じ高校司書なんです。

　ネットワークの参加校の学校司書が学期に１回集まって会議もします。「あの資料は良かった，これは良くなかった」って話をするんですね。そのことも，お互いに求めているものを理解するのに役立っています。

　すごく珍しい本や難しい本，普通科高校じゃ買わないような本，例えば『ギリシャ・ローマ演劇史』なんてのは，県立図書館から借りることもあります。県立図書館と県立高校図書館は人事交流がある関係であることもあり，県立図書館は張り切って貸してくれますね。

　予算や配架スペースの制約があるので，なるべく複本（複数の同じ本）はそろえたくないと考えています。そのスタンスで学校図書館を運営していると，図書館を活用した授業のときに，少数の本に生徒が押し寄せちゃうおそれがあります。そのため，課題を出すときに，なるべく生徒が集中しないで，ばらけるようにと先生にお願いします。市民革命の場合でも，課題がフランス革命だけだったら，特定の資料に生徒が集まってしまいます。生徒をグループに分けて，課題もドイツやイギリスですとか，複数出すと，ちゃんとばらけます。資料のことだけではなく，どういうふうに課題を出すかという点まで，突っ込んで先生と事前に話しておかないと駄目です。新人の学校司書さんが失敗しやすい点ですね。私も若いころにやっちゃったことがあります。でもそういう経験から学んでいくんですね。

　先生方は，けっこう直前に「図書館を使います」と言ってくることもあります。そのこともあるので，上記の課題のことのほかにも，「貸出の可否」，「コピーの可否」，「インターネットやスマホ利用の可否」などが，先生方とあらかじめ申し合わせておくべきポイントです。例えば，「複数のクラスが同じテーマで図書館を使うから，資料の貸出は不可で，図書館の

中で利用してください」となる場合もあります。

　「コピーは図表のみ」というルールを設けることもあります。これは，先生によっては，「図表は書き写すのが大変だから，コピーを切り貼りして，レポートに貼っても構わない。それ以外はコピーを切り貼りせず，手書きで文字を写しなさい。そうすると覚えるし」っていう考えの方もいるからです。

　インターネットは，「図書館を活用した授業の際は使わせないでください。書籍だけにしてください」って言う先生も，「いいですよ。図書館内のパソコンも，スマホも使っていいですよ」って言う先生もいます。その点を申し合わせておくんですね。ちなみに，フランス革命など，市民革命をテーマに授業で図書館を使った際は，インターネットよりも百科事典のほうがずっと使いやすそうでしたね。百科事典には情報が集約されていますが，インターネットでは拡散してしまっています。

——なるほど。学校司書の授業へのかかわり方は？授業中に積極的に生徒さんたちに話しかけるなどは？

　私は，やります。私の性格もあると思いますけれども（笑）。先生が話しているとき，最初は遠くのほう，カウンターにいます。授業開始の礼をするときも一緒に礼をして，「参加してるのよ」っていう感じをできるだけ出します。キョロキョロしてる生徒がいたら，「何か探してる？」って声をかけます。生徒は「こういう本探してるんですけど」って返してきます。「何か探してる？」は本当に基本の言葉ですね。

——相手が小学生などではなく，高校生であっても，学校司書のほうから声をかけるということでしょうか。

　そうですね。慣れている先生だったら，「あそこに司書さんがいますから分からない本は聞いてください」って生徒全員にはじめに話してくれます。そうすると，生徒のほうから聞いてくる場合ももちろんあります。でも，それほど自分からは聞いて来ないことのほうが多いです。キョロキョ

ロしてる生徒に「何か探してる？」って私から行くと，「待ってました！」っていう感じで。だから，こちらからの働きかけがとても大事だと思ってます。

　でも難しいところで，「学校司書さんから説明してください」みたいに，こちらに振ってくる先生もいれば，こちらからどんどん前に出ることを好まない先生もいます。そういう先生の場合は，私は引っ込んで，目立たないように。それでも，キョロキョロしている生徒がいれば声をかけますけどね。先生のやり方に応じてスタンスを変えるのも，経験を積めばできるようになりますね。前に出るか，そうでないかは，学校司書の個性にもよると思います。(石黒氏)

（3）普段からの働きかけ，教員とのコミュニケーションなど

　学校図書館が授業で盛んに活用されるようになるために，本書の取材協力者のひとりは，日ごろの教員への働きかけや，学校司書の側で備えができていること，および，学校図書館がどう活用されたか，次につながるよう記録をしておくことの重要性を次のように述べている。

　　　前任校での経験もあり，どの単元でどのように学校図書館を活用してきたか，活用する際はどういう資料を使ったか，どの資料がよかったか，どの単元なら学校図書館を使えるか，といった経験が私の中に蓄積してきました。

　　一方，図書館を使おうと先生方は思ってもおらず，「えっ，この単元で図書館を活用できるんですか？」という反応が返ってくることもあります。どういうふうにアプローチをしたら「図書館を使おう」っていうところまで行けるのか。

　　まずは，「この単元ならこういう調べ学習ができますよ」とか，「図書館にけっこう本があるので，わりと充実した調べ学習ができますよ」みたいなことをお伝えします。先生方の反応は，「ああそうなんですね」で終わるときもあれば，「じゃあやってみようかな」ってなるときもあります。

「じゃあやってみようかな」になった場合は，「先生，どういうふうにします？」とお伺いします。「まだ具体的には考えてないや」というときは，「過去の学習指導案（学習指導の計画を記したもの。学習指導案は授業者がみずからのために書くものであると同時に，研究授業などの際に授業を見てくれる人に授業の計画を示すために書く，という性質をもつことも多い[4]）やワークシートもありますので，もしよろしければ，参考までにお見せしましょうか」と提案します。学校図書館を活用した授業の，過去の例に関する情報を提供するんですね。そのまま，「じゃあ同様にやります」と仰る先生も，形を変えて行う先生もいらっしゃいます。それは先生次第ですね。図書館の活用に向けて話が始まれば，資料の相談などを打ち合わせの中で行います（本節（2））。

　また，調べ学習をするだけが学校図書館の活用だとは思っていません。例えば「理科でこういう内容を扱うんですが，教科書よりも話を広げたいので，こういう本はありますか」って聞いてくださる先生もいます。そのように，毎年のルーチンではなく，イレギュラーに相談を受けたときに，「こういうものがありますよ」と言って何冊か紹介できるかどうか。急に尋ねられたときに資料を提供できるように，日ごろから準備しています。

　授業のあと，図書館がどういうふうに使われたかを把握・記録しておくことも，次につなげるために大事です。図書館を活用した授業をある年に行った場合，ポイントを整理しておけば，もしかしたらその次の年，「去年はこうだったから，ほかにもこういうことが必要なんじゃないかな」と思いつくことができるかもしれません。

　「次につなげる」ということに関連しますが，図書館に関する複数のクラスの情報は私だけが持っている，という場合があります。あるクラスの先生が図書館を活用した情報が，ほかのクラスの先生の参考になるかもしれません。スルーされてもそれはそれで構わないので，校内の多くの情報のひとつとして，私の知っていることは出すようにしています。（相澤氏）

4　岩内亮一ほか編『教育学用語辞典』第4版（改訂版），学文社，2010年，p. 26.

　なお，学校図書館を授業で活用することだけが，学校司書と教員のつながりではない。日常，さまざまな質問や相談を教員から受けることもある。授業での学校図書館の活用につなげるためにも，教員と良好な関係を築いておきたい。本書の取材協力者の発言を以下に記す。

　　先生からの相談は，学校図書館を授業で使うことに関するものだけとは限りません。むしろ，それ以外の質問のほうが多いですね。例えば，1年生の学年便りの担当になった新卒の先生がいらしたことがあります。「学年便りの読書コーナーで本を薦めることになったのですが，どういう本を薦めたらよいでしょうか？」という相談を受けました。「勉強しなさいとか本を読みなさいっていうのは当たり前すぎるから，そうじゃない本がよい」と仰るので，「片づけの本なんかもありますよ」って言ったら，「それがよい」ということになりました。中学生時代に使った受験用の参考書などを片づけて，身の周りをきちんとしてみよう，みたいなことを書いて，学年便りでその本を紹介していただきました。そうすると，その本はすぐ借りられていきました。

　　それから，先生ご自身が「もっと勉強しなきゃいけない」と仰って，来館することもあります。あるとき，地理歴史の先生が，もともとは専門じゃないんだけど地理を教えることになっちゃった。それで，地理の本をいっぱい借りていきました。

　　新卒の先生は，「勉強しなくちゃ」と思っているので，教材準備の目的でも図書館にいらっしゃいますね。

──図書館には，先生方全員がまんべんなく，同じくらいの頻度で来るというよりは，特定の先生がよく来る，という状況でしょうか？
　　そうです。よく来る先生は決まっています。知的好奇心が旺盛な先生もいるし，「学校司書さんと話してみよう」っていう先生もいます。

──図書館に普段あまり来ない先生に対して呼びかけることはしますか？

　呼びかけというよりは，もっと初歩的なことですね。廊下であいさつ。「今よりも親しくなる」，「口をきける間がらになる」ということが大事です。

——確かに，あいさつすらしたことがない人に，資料相談などはしづらいですよね。

　そうです，そうです。だから，普段からなるべく愛想よくあいさつをします。そのうえで，世間話をする機会があれば「そう言えば，こんな本が図書館に入りましたよ」と言いますし，もし図書館にいらっしゃったら，「先生が手に取った本と似たようなものにこれもあります，先生の教科の本にはこれもあります」って紹介もします。(石黒氏)

2．特別活動の指導に関する支援（児童生徒の図書委員会以外）

　特別活動は，学習指導要領において，小学校では学級活動，児童会活動，クラブ活動，学校行事，中学校では学級活動，生徒会活動，学校行事，高等学校ではホームルーム活動，生徒会活動，学校行事から成る。小中高校には児童生徒の委員会があり，その中には図書委員会もある。これらは児童会活動／生徒会活動の中に位置づけられている[5]。

　以下，本節では特別活動（児童生徒の図書委員会以外）と学校図書館の関連について，順に述べる。上記のとおり，児童生徒の図書委員会は児童会活動／生徒会活動の中に位置づけられるものであり，したがって特別活動に含まれるが，分量のバランス上，本章3で解説をする。また，本章の最後に，学校図書

5　文部科学省．" 小学校学習指導要領解説　特別活動編 ". http://www.mext.go.jp/component/a_menu/education/micro_detail/__icsFiles/afieldfile/2009/06/16/1234931_014.pdf，(参照 2018-07-08).
　文部科学省．" 中学校学習指導要領解説　特別活動編 ". http://www.mext.go.jp/component/a_menu/education/micro_detail/__icsFiles/afieldfile/2011/01/05/1234912_014.pdf，(参照 2018-07-08).
　文部科学省．" 高等学校学習指導要領解説　特別活動編 ". http://www.mext.go.jp/component/a_menu/education/micro_detail/__icsFiles/afieldfile/2010/01/29/1282000_20.pdf，(参照 2018-07-08).

館に大きくかかわる活動をしている部活動（読書部）の事例をコラムで紹介する。

　小学校の学級活動は，それを通じて「望ましい人間関係を形成し，集団の一員として学級や学校におけるよりよい生活づくりに参画し，諸問題を解決しようとする自主的，実践的な態度や健全な生活態度を育てる」ことを目標にしている。中学校の学級活動，高等学校のホームルーム活動も同様である。小学校学習指導要領では，各学年共通事項として「清掃などの当番活動等の役割と働くことの意義の理解」や「食育の観点を踏まえた学校給食と望ましい食習慣の形成」などと並んで「学校図書館の利用」を挙げている。それを解説した『小学校学習指導要領解説 特別活動編』では，「各教科などの学習と関連して指導したり，また，実際に学校図書館の仕組みの理解や利用の仕方に関する実践活動を行ったりするなど，指導に具体性と変化をもたせることが望ましい。また，日常の読書指導との関連を考慮するとともに，日常の学習に学校図書館を活用する態度の育成に努めることが大切」であるなどとしている（p. 39）[6]。

　中学校学習指導要領の「学級活動」と高等学校学習指導要領の「ホームルーム活動」では，それぞれ「自主的な学習態度の形成と学校図書館の利用」,「主体的な学習態度の確立と学校図書館の利用」を内容のひとつに挙げている。『中学校学習指導要領解説 特別活動編』では「自主的な学習の場，様々な情報が得られる場としての学校図書館の意義や役割に気付き，積極的に活用する態度を養うこと」が大切であるとしている（p. 41.『高等学校学習指導要領解説 特別活動編』の28ページにも同旨の記述がある）[7]。

　なお，すでに述べたとおり（本章1（1）），次期学習指導要領が小学校では2020年度から，中学校では2021年度から全面実施される。高等学校は2022年度から年次進行で実施される。そこでは，学級活動やホームルーム活動に関する

6　学習指導要領は以下のウェブページで参照することができる。学習指導要領解説については前脚注を参照。
　　文部科学省．"学習指導要領等（ポイント、本文、解説等）（平成20年3月・平成21年3月）". http://www.mext.go.jp/a_menu/shotou/new-cs/youryou/1356249.htm ,（参照 2018-07-08）.

7　前脚注と同様。

記述が，上記から変更になるので留意してほしい。例えば，小中高校いずれも「一人一人のキャリア形成と自己実現」という項目を設け，その中で学校図書館について言及している点が注目される[8]。

本書の取材協力者のひとりである尾﨑氏によれば，勤務校の学級活動では，生徒の図書委員が管理・運営する学級文庫が活用されているとのことである。すなわち，図書委員が選んだ図書が各学級に10冊ずつ置かれており，月に1回程度の委員会開催時に，図書委員が図書を入れ替えるようにしている。図書委員が選ぶ図書は，学校行事と連動したテーマのものを学校司書が複数提示して，その中から選ぶこともある。学級文庫は，朝読書（本書第3章コラム）の際，図書を持参していない生徒が主に利用する。また，休み時間などに気軽に本を手に取ることができる。さらには「1巻を学級文庫で読んだので続きを借りたい」と，生徒が学校図書館に足を運ぶきっかけにもなる，とのことである。

また，やはり取材協力者のひとりである石黒氏によれば，前々任校のホームルーム活動で，文化祭の企画を考えるために学校図書館を活用したり，修学旅行の班別行動を，学校図書館にあるガイドブックなどを参照しながら班ごとに大机で話し合うなどしたケースがあるとのことである。

小中高校の委員会の中で，学校図書館がかかわるのは図書委員会だけではない。例えば，保健や給食の委員会で，身体や健康，食べ物に関する掲示物を作るために児童生徒や教員が図書館を利用する場合がある。児童会や生徒会の集会で，体育館でクイズやゲームをすることになり，そのための図書を役員が借りに来ることもある。

小学校のクラブ活動でも，例えば漫画クラブや図工系のクラブが，制作の参考になりそうな図書を借りていくケースがある。

---

8 文部科学省．"新学習指導要領（本文、解説、資料等）". http://www.mext.go.jp/a_menu/shotou/new-cs/1383986.htm，(参照 2018-07-08).
　文部科学省．"学習指導要領のポイント等". http://www.mext.go.jp/a_menu/shotou/new-cs/1384662.htm，(参照 2018-07-08).
　文部科学省．"学習指導要領等". http://www.mext.go.jp/a_menu/shotou/new-cs/1384661.htm，(参照 2018-07-08).

　学校行事に関しては，校外学習や修学旅行などの事前学習・事後学習で図書館が活用される場合がある。行事に関連する資料を図書館で前もって用意しておき，それを利用して児童生徒が現地に関する調べ学習をしたり，当日の行動計画を立てたり，行事後に感想文やレポートを書いたりする。修学旅行の行き先が毎年同じ学校では，例えば「沖縄コーナー」のように，修学旅行関連の資料を常設展示のようにコーナーを設けて通年で陳列しているケースもある（本書第２章３（１）および（２））。ほかにも，音楽鑑賞会に合わせて音楽関連の図書を展示したり，学芸会に合わせて劇の原作や演劇関連の図書を展示するといったことが考えられる。

　学校行事に学校図書館が連動することによって，読書推進につながったり，学校図書館の PR のチャンスになったりする可能性がある。本書の取材協力者のひとりは，学校行事をきっかけに，読書推進に少しでも結びつくことを期待する旨を以下のように述べている。

> 　児童は学校行事に参加することで満足したり，行事自体を楽しんだりしています。なので，「わーい運動会だ，運動会の本を読もう！」みたいなことは，そんなにはないです。
>
> 　でもやっぱり，学校行事のときは，関連する本たちも日の目を見る絶好のチャンスだと思います。誰かひとりでも読んでくれる人がいれば，そのテーマの展示はやってよかったということになる，と思います。本を展示しておくだけでなく，可能な場合は「今，運動会をテーマに本を展示しているんだけど，その中からこの本を読むね」みたいに，図書の時間を使って私が紹介することもしています。
>
> 　学校図書館を PR するために学校行事と連携するというよりは，「こんな本があるよ」とか，「こんな機会じゃなかったらこの本読まないでしょ」みたいに，学校行事をきっかけに，読書推進に少しでも結びつけばと思います。（相澤氏）

　一方，本書のほかの取材協力者は，学校行事との連動が学校図書館を PR す

る一助になった経験を，以下のように述べている。

> 　勤務校では，1年生の校外学習で山のキャンプ場に行ってカレーを作ります。事前にカレーの作り方の調べ学習があります。そのため，学校図書館にはカレーの作り方に関する本がたくさんあります。
>
> 　給食試食会という，保護者の方が給食を食べにいらっしゃる催しのときに，図書館をアピールしに行ったんです。「こういった本も図書館にはあるんですよ」と，資料紹介をしました。料理のレシピをたくさん紹介しましたが，「本校の特色として，カレーの資料がすごくそろってます。お子様がカレーを作りたいって言ったときは，料理レシピサイトで調べるだけでなく，図書館に行ってみればと仰ってみてください」と言ったら，保護者の方の反響が大きかったです。「このあと，図書室を開放してますのでいらしてください」って言ったら，来てくださった保護者の方もいましたね。（尾﨑氏）

3．児童生徒の図書委員会の活動とその支援

　本章2で述べたとおり，児童生徒の図書委員会は児童会活動／生徒会活動の中に位置づけられるものであり，したがって特別活動のひとつである。以下，分量のバランス上，独立の項目を立てて解説する。

　一般に，図書委員の活動には，カウンターでの貸出・返却業務の当番や書架整理，『図書委員会だより』などの名称の，図書委員による学校図書館便りの発行などがある。貸出・返却業務を担当させる際は，利用者の読書事実を他人に漏らしてはならないことを指導する（本書第5章1）。さらに，図書委員の活動について，本書の取材協力者は次のように述べている。以下の発言のほかにも，清水氏の勤務校では，図書委員が栞やPOP（図書の紹介ポスター）を作成したり，放送で図書の紹介をしたりしているとのことである（栞については写真7-2参照）。

　図書委員の仕事は，給食中の読み聞かせ放送，「ワタシの一行」という図書館内の掲示物，図書新聞の発行，「読書バトル」（一定期間に読んだページ数を各学年クラス対抗で競う取り組み）の開催と表彰，「ゴールドカード」の発行です。

　ゴールドカードとは，貸出冊数が200冊に到達した生徒に発行しているもので，借りられる冊数が増えます。実際にカードを作っているのは私なんですが，表彰式をするんですね。ゴールドカードと賞状を，みんなの前でおめでとうっていうふうに，月1回の生徒会の朝礼で渡します。その際の授与者が，私ではなく図書委員です。(尾﨑氏)

　何かイベントをしたいと図書委員が言うので，「じゃあ，本の中の良いセリフを抜きだして，人気投票したら」と提案しました。「誰々さんが選んだから」の投票にならないように，誰がその言葉を選んだかは見えないようにして。

　セリフは，いろいろな本から出てきました。いかにもラノベみたいなのものもあれば，ちょっと大人っぽい，哲学的な名言みたいなものとか。(本書第2章3（1）写真2-23参照)(清水氏)

　図書委員には，希望してなる児童生徒もいれば，そうではないケースもあり，熱意に差があるなどして指導が難しい場合がある。この点に対する工夫について，本書の取材協力者は次のように述べている。すべての学校で必ずそうだというわけではないだろうが，学校司書が実質的に図書委員会の指導をしているという点にも注目したい。

　建前上は先生ということになっていますが，勤務校では実質的に，図書委員会の指導も私の仕事です。もう大変！図書委員会の指導は大変です。先日，「新任司書のお仕事相談会」と銘打った，組合主催のイベントがありまして，ベテラン司書が新人さんの質問に答えました。そのときに，図書委員会の指導に質問が集中しました。私はもう慣れていますが，教師に

写真7-2　図書委員が作成した栞（中学校）

　なろうと思って就職したわけではない新人の学校司書の皆さんには，とても大変なことみたいです。その研修では「見える化・具体化」という話をしました。委員が何をするのかはっきり決めておくことが大事という話です。

　勤務校では図書委員を，年1回刊の館報担当の班，月1回刊の学校図書館便り担当の班（『Livre（りーぶる）』班。図7-1，7-2参照），展示班，書架整理班，カウンター班，ブッカー班（ブックコート（ブッカー）については本書第2章4）に分けます。

　年1回刊の館報は，特定のテーマを決めて，質問を全校生徒に回答してもらうコーナーや，新任教員に質問する「先生方へお聞きしました」などから成ります。月1回刊の学校図書館便り『Livre（りーぶる）』は，「お薦めの本の紹介」や「貸出統計」，「新しく入った本の紹介」などから成ります。すべて生徒の手によるものではなく，学校司書の私と一緒に作ります。

　上の「見える化・具体化」に関して言うと，例えば『Livre（りーぶる）』班は，5月に書くのは誰，6月に書くのは誰……という点まで4月のはじめに決めちゃう。ほかの班も，何をいつ誰がやるかをはっきり決めちゃう。

　図書委員には，なりたくてなった生徒も，そうでない生徒も，両方とも

図書館だより　りーぶる

Livre Vol.2

2018/6/21　越ヶ谷高校図書委員会

梅雨の時期には読書をするのもいいですね。こんな本はどうでしょう？

図書委員広報班　３年６組隊

図書委員のおすすめ本

「ツバキ文具店」　小川糸　（幻冬舎）

　この本の舞台は鎌倉でツバキ文具店の当主鳩子は代筆の仕事を受け持っています。手紙を書くための文具、書体や文字に気を配り依頼人の気持ちに沿うように書くところに注目です。メールで簡単に伝えるよりも、誰かに手紙で思いを伝えたくなる本です。鳩子の周辺の人物との心温まるストーリーもおすすめです。ドラマで見た人もいるでしょう。是非読んでみてください。

（３－６　Ｎ・Ｍ）

「妖怪アパートの幽雅な日常」　香月日輪　（講談社）

　中学一年生の時に両親を亡くした稲葉夕士は、不思議な声に誘われて格安アパート「寿荘」に入居を決める。実はそのアパートは妖怪や幽霊が暮らす妖怪アパートだったのだ。美味しい料理を作ってくれる手だけのるり子さん、いつも一緒にいる子供のクリと犬のシロなど、色々な妖怪や、クラスの友人と触れ合いながら、夕士が成長していく物語です。アニメ化もしているので、読んでみてください。

（３－６　Ｗ・Ｋ）

「さよなら、田中さん」　鈴木るりか　（小学館）

　この本は、小学六年生の花実と、底抜けに明るく逞しいお母さん達の日常について書いてあります。それらが面白くも、油断しているとグッとくる圧巻の筆力で表現されています。５話編成で、最後の話では、花実のクラスメイト視点からみることができ、主人公を多面的にとらえることができます。そこでは、少し戻る感じの時間軸で話がつながっていたりして、特に印象深く好きだなと、と思いました。読みやすいので、気になった方は読んでみてください。

（２－１　Ｋ・Ａ）

図７-１　生徒の図書委員による学校図書館便り（左ページ。高等学校）。図書委員だけですべてを作っているのではなく，学校司書と図書委員が分担して作成しているとのことである

＜今月の展示＞

「雨の日は本を読もう」 題名に「雨」がついた本を集めてみました。
「サッカーワールドカップ対戦相手はどんな国？」
　　コロンビア、セネガル、ポーランドにちなんだ本があります。
「ディベート」 沖縄米軍、選挙、死刑制度に関する本が並んでます。

クラス別貸出冊数 5/1〜6/15

	1組	2組	3組	4組	5組	6組	7組	8組	9組	合計
1年	78	33	21	26	51	89	12	51		361
2年	62	10	91	9	16	89	21	18		316
3年	10	16	16	22	22	65	26	11	15	203
職員他									231	1111

付録欲しい人ジャンケン大会　今月のプレゼント

日時…6月25日（月）12：50〜　　　　場所…図書館カウンター前
景品…プリキュア下敷き、BEAMS トラベルケース、ゲゲゲの鬼太郎ポスター、
　　　ワンショルダーバッグ、他

5月6月前半に入った本161冊

＊＝リクエスト

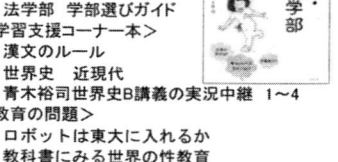

＜将来の仕事を考える＞
　医療・看護の資格と仕事　やりたい仕事が
　福祉・介護の資格と仕事　わかる本
　将来の夢さがし！職業ガイド234種　なりたい！
　美容師・理容師になるには
　獣医師になるには
　「死ぬくらいなら会社辞めれば」ができない理由(
＜英検問題集＞
　英検2級総合対策教本
　英検準2級総合対策教本
　英検2級過去6回全問題集　2018年度版
　英検準2級過去6回全問題集　2018年度版
＜センター試験　過去問題研究　2019年版＞
　英語/数学1A2B/国語/日本史B/世界史B/地理B
　/現代社会/倫理/政経/物理/化学/生物/地学
＜小論文を書くコツ＞
　知っているようで知らない日本語のルール
　小論文書き方と考え方
　最新最強の作文・小論文　'20年版

＜大学の学部を知る＞
　看護学部・保健医療学部
　工学部　学部選びガイド
　法学部　学部選びガイド
＜学習支援コーナー本＞
　漢文のルール
＊　世界史　近現代
＊　青木裕司世界史B講義の実況中継　1〜4
＜教育の問題＞
　ロボットは東大に入れるか
　教科書にみる世界の性教育
　簡単！時短！理科授業の効率アップ術　観察・{
＜新書：教育＞
　あなたの勉強法はどこがいけないのか？
　県立！再チャレンジ高校　生徒が人生をやり直
　世にも美しい数学入門
　友だち幻想　人と人の〈つながり〉を考える
　日本の分断　切り離される非大卒若者たち

図7-2　生徒の図書委員による学校図書館便り（右ページ。高等学校）

> います。部活が忙しいと言う生徒もいます。「委員会の仕事を毎週やりたい人」と「年に1回やりたい人」などに分け，前者の生徒には，カウンター班やブッカー班など，毎週の仕事をやってもらいます。後者の生徒には，年に1回まわってくる仕事をやってもらいます。また，館報担当の班はやることが多くて大変ですが，編集をしてみたいと言う生徒たちにお願いしています。
>
> 　上のようなことをちゃんと説明して，誰が何をやるかを最初に具体的に決めます。そうしないと，多分，委員会は動きません。(石黒氏)

　なお，「いかなる場合でも学校司書が教える側，図書委員が教えられる側」とは限らない。ある図書の購入希望を児童生徒から受けた場合，それがどのようなものかについて，同年代の図書委員のほうが学校司書よりも詳しい可能性もある。「生徒に聞くっていうのはとても大事なことです。本当に新しいものは生徒に説明してもらう。珍しい購入希望が来たら，「これどういう本？」って聞くと，すごくよく説明してくれます」と石黒氏が発言してもおり，児童生徒とコミュニケーションを取りながら仕事を進めたい。

4．情報リテラシー（情報活用能力）の育成に関する支援

　情報リテラシー（情報活用能力とも）[9]は，さまざまな情報の中から必要なものを選び出し，読み解き，問題の解決や新たな情報の創造・発信をする能力を中心とした概念である。日本ではさらに，コンピューターの操作能力や情報モラルにも力点が置かれている。

　小中学校で2002年度（高等学校は2003年度）から施行された学習指導要領[10]のもと，みずから課題を発見し，主体的に判断し，問題を解決する能力を育てることをねらいとして「総合的な学習の時間」が始まった。各教科の指導におい

9　情報リテラシーについてさらに詳しくは，次の文献を参照してほしい。
　後藤敏行「学校図書館と情報リテラシー」『家政経済学論叢』2009年，no. 45, p. 31-44. http://hdl.handle.net/2241/103427，（参照 2018-07-08）.

ても問題解決的な学習を重視すべきとされるようになった。さらに，上記学習指導要領において，中学校「技術・家庭」で情報に関する基礎的な内容を設け，かつ，高等学校で教科「情報」を新設し，いずれも必修とした。つまり近年，情報リテラシーの重要性が増している。

　学校図書館は，各教科等の調べ学習や特別活動の時間などで活用される。どのような活用がありうるか，事例やその説明を本章3までに述べた。もちろん，児童生徒が自主的に利用する場合もある。教科等や特別活動ごとに活用の内容は異なるだろうが，活用されることを通じて，また，児童生徒の自主的な利用を通じて，情報リテラシーの育成に学校図書館は寄与しうる。その際，学校図書館の利用法を児童生徒が学ぶための利用案内や学校図書館利用のガイダンス，図書館資料に児童生徒が関心を持ち，かつ，資料にたどり着くことを助ける配架や展示・掲示，資料紹介や資料相談，教員との事前の打ち合わせや準備など，これまで本書で述べてきた学校図書館のさまざまな取り組みが役に立つ。

　情報リテラシーの育成を学校図書館が支援することを念頭に置く際，留意しておくべき点を以下に述べる。まず，各教科等の学力や読む力と情報リテラシーは，無関係な別個のものではない。各教科等の学習や読書を通じて，学力や読む力だけでなく情報リテラシーも向上する場合もあるだろうし，情報リテラシーを身につけることによって効果的・効率的に各教科の学習や読書が進むこともあるだろう。つまり両者は無関係ではなく，関連するだろう。

　また，授業では，時間割の制約や，授業時間内にやるべきことが多いという事情のため，「学校図書館のためだけの時間」を確保することが難しい場合があることを，本書の取材協力者の発言も記しながら解説してきた（本書第4章2，第6章2）。かつ，上述のとおり，学力や読む力と情報リテラシーが関連しあうものである以上，学校図書館だけがその育成のために孤軍奮闘する必要は

10　現在はさらに新しい学習指導要領が実施されている。

　　文部科学省. ″学習指導要領等（ポイント、本文、解説等）（平成20年3月・平成21年3月）″. http://www.mext.go.jp/a_menu/shotou/new-cs/youryou/1356249.htm , (参照 2018-07-08).

ない。「調べ方の練習の時間や，百科事典の使い方の時間など，図書館だけに
ゆっくりじっくり向き合う時間が欲しいですが，現実的には難しいです。その
ため，例えば社会の調べ学習で児童が図書館に来たときに，奥付を見る方法を
ちょっと話させてもらったり，理科の調べ学習で昆虫がテーマのときに，図鑑
の使い方を伝えたり，「どこかに滑りこませる」工夫をしています。担任の先
生とうまくコミュニケーションを取れることが大事です」と本書の取材協力者
は述べていた（相澤氏，本書第4章2）。このように，教員と連携しつつ，授業
の一部として学校図書館が貢献できるよう工夫するべきである。

　さらに話題を紹介しておく。予算の制約上，難しい場合もあるだろうが[11]，
新聞は複数紙を購読し，児童生徒の情報リテラシーの育成に役立てたい。同じ
ニュースでも，新聞によって扱いやニュアンスが異なるケースがあるため，複
数紙を比較検討する素地を児童生徒に身につけさせたいからである。

　　新聞は朝日，毎日，読売，東京新聞の4紙と，『朝日中高生新聞』を購
　読しています。
　　図書館を入ってすぐの所に各紙を配置しています。多くのご家庭では新
　聞を1紙だけ取りますし，取っていないご家庭もたくさんあります。学校
　図書館で複数紙を購読して比較することができたらいいなと思っていま
　す。大事件が特になかった日に，すごく各紙の違いが出るんです。（清水氏）

なお，学校図書館の利用法の案内や指導は，児童生徒の発達段階に応じて取

11　2015年度末時点で，図書館に新聞を配備している学校の割合は，公立高校で91.0%である
　　一方，経時的には増加しているものの，公立小学校で41.1%，公立中学校で37.7%にとど
　　まっている。配備している学校でも，紙数の平均は小中高校の順にそれぞれ1.2紙，1.5
　　紙，3.3紙だけである。
　　さらに，特に小中学校では，図書館経費は大部分が図書購入費に充てられ，図書以外の資
　　料購入費はきわめて少ない。
　　全国 SLA 調査部「2017年度学校図書館調査報告」『学校図書館』2017年，no. 805, p.55-
　　58.
　　文部科学省．“平成28年度「学校図書館の現状に関する調査」の結果について”. http://
　　www.mext.go.jp/a_menu/shotou/dokusho/link/1378073.htm，（参照 2018-07-08）.

写真7-3　複数紙の新聞（1）（中学校）。新聞の写真については本書第2章3（1）も参照

写真7-4　複数紙の新聞（2）（高等学校）。新聞の写真については本書第2章3（1）も参照

捨選択が必要である旨を本書第2章1や本書第4章1で述べた。「情報・メディアを活用する学び方の指導体系表」（全国SLA, 2004年）は，タイトルのとおり「学び方」の指導を児童生徒の発達段階別に一覧にしており，情報リテラシーの育成に際しても参考にできる[12]。

▶コラム

部活動と学校図書館：読書部の事例

　本章3では，学習指導要領が規定する特別活動の中の図書委員会について述べた。部活動は，「生徒の自主的，自発的な参加により行われる」（中学校学習指導要領 第1章 総則, 高等学校学習指導要領 第1章 総則）ものであるが，例えば「読書部」など，学校図書館とかかわるものを設けている学校もある。以下，本書の取材協力者のひとりである尾﨑氏の発言を記して，2017年度に子供の読書活動優秀実践校として文部科学大臣表彰を受けた，西東京市立ひばりが丘中学校における読書部の活動を紹介する。

〈以下，尾﨑氏〉

　勤務校の読書活動は，言語能力向上拠点校（東京都教育委員会は，古典文学の音読や暗唱，説明や討論などの言語活動を取り入れた授業の実施など，伝統的な言語文化の理解や，社会生活に役立つ言語の技能の育成を重視した具体的な取り組みを推進するため，言語能力向上拠点校を指定している[13]）としての活動，図書委員会の活動，そして読書部の活動の3本柱です。その中でも特にお問い合わせを頂くのが読書部です。読書を起点とした活動を行っている部活です。

　一般的には，学校図書館の活動に生徒がかかわるのは図書委員会だと思います。本校の読書部は，一般的な図書委員会よりも生徒が自由に選択す

12　全国学校図書館協議会．"情報・メディアを活用する学び方の指導体系表". http://www.j-sla.or.jp/pdfs/material/taikeihyou.pdf , （参照 2018-07-08).

13　東京都．"平成26年度 言語能力向上拠点校発表会の開催について". http://www.metro.tokyo.jp/tosei/hodohappyo/press/2014/10/21oa6200.html , （参照 2018-07-08).

る部活動という形で活動を行っています。文科系の，科学部や吹奏楽部と同じ位置づけです。

　本を読んでばかりというのではなく，読書を起点とした活動です。ブックトークやPOP作りをしたり，ブックフェスティバルというイベントに参加したり，外に出て文学散歩をしたりします。ブックフェスティバルは，市内の中学校から代表の生徒が集まり，グループに分かれての課題図書の書評会や，壇上でのお薦め本の紹介などを行うものです。文学散歩は，「太宰治」や「ミステリー」といったテーマを設け，ゆかりの地を巡ったあと，新聞を作る，というものです。

　それと，読み聞かせですね。保育園や幼稚園に出向いて，部員が読み聞かせをします。さらに，外に目を向けるだけじゃなくて，図書館の中で百人一首大会をやったり，部誌の作成もしています。個人で黙々と本を読むというのではなくて，読書から，ほかの活動へと広げていくという目的の部活動ですね。

写真7-5　読書部による，図書のPOPの展示

——ブックトークも，読み聞かせと同じように，保育園などでするのでしょうか？

　ブックトークは校内で行っています。昨年度（2016年度）のことなのですが，ブックカフェという形で，この学校図書館でカフェを開催しまして，満席になるくらい大盛況でした。飲み物の提供を行い，その中で部員がブックトークを行いました。ビブリオバトルも行いましたね。文化祭ではなく，一般的な放課後のイベントとして行いました（本書第6章1）。

　現在（2017年度），創部2年目で部員は総勢13人です。文化系の部活としては，活発に活動をしているほうだと思います。学校司書の私は，読書部の指導やコーチの役割を担っているわけではありません。部活動中に資料の問い合わせがあれば対応します。

[演習問題]

　ある高校で，明治維新について，学校図書館を活用して日本史の授業を行うことになった。学校図書館でできること（学校司書ができること，教員ができること，生徒ができること）には何があるか，箇条書きにして列挙してみよう。また，学校司書は，事前に何を準備しておく必要があるか，教員と事前に何を打ち合わせておくべきか，書き出してみよう。

第8章 | 特別の支援を必要とする児童生徒に対する支援

1．特別支援教育

　特別支援教育とは，「障害のある幼児児童生徒の自立や社会参加に向けた主体的な取組を支援するという視点に立ち，幼児児童生徒一人一人の教育的ニーズを把握し，その持てる力を高め，生活や学習上の困難を改善又は克服するため，適切な指導及び必要な支援を行うもの[1]」である。本書は，小中高校等に設けられる図書館である，学校図書館[2]の活動について論じているため，上の「幼児児童生徒」のうち，児童生徒への学校図書館による支援について述べる。

　特別支援教育は，特別支援学校，特別支援学級，および通級による指導（小・中学校の通常の学級に在籍し，言語障害，自閉症，情緒障害，弱視，難聴，学習障害（LD），注意欠陥多動性障害（ADHD）などのある児童生徒を対象として，主として各教科などの指導を通常の学級で行いながら，障害に基づく学習上または生活上の困難の改善・克服に必要な特別の指導を特別の場で行う教育形態[3]）によって行われている。2016年5月の時点で，特別支援学校の小学部，中学部，高等部には，13万8千人以上の児童生徒が在籍している。特別支援学級に在籍する児童生徒数

1　文部科学省．"特別支援教育について"．http://www.mext.go.jp/a_menu/shotou/tokubetu/main.htm，（参照 2018-07-08）．
2　学校図書館法2条。学校図書館の現状などについて，以下も参照。
　後藤敏行『学校図書館の基礎と実際』樹村房，2018年，p. 7 - 9.
3　文部科学省．"2．特別支援教育の現状"．http://www.mext.go.jp/a_menu/shotou/tokubetu/002.htm，（参照 2018-07-08）．

は21万7千人を超えている。公立学校で通級による指導を受けている児童生徒数は9万8千人以上に上る[4]。

以上を合計すると45万4,495人となる。同時期の「学校基本調査」によれば，わが国の小中高校等には1,356万3,392人の児童生徒が在籍しているため[5]，特別支援教育を受けている児童生徒は全体の約3.4％を占める。加えて，通常の学級に在籍する児童生徒の6.5％は，特別な教育的支援を必要とする発達障害の可能性があると推定されてもいる（ただしこの6.5％という数値は，学級担任を含む複数の教員により判断された回答に基づくものであり，医師の診断によるものでない）[6]。

障害の種別には主に以下があり，それぞれの障害に配慮した教育が行われる[7]。

- 視覚障害：視力や視野などの視機能が十分でないために，まったく見えなかったり，見えにくかったりする状態。
- 聴覚障害：身の回りの音や話し言葉が聞こえにくかったり，ほとんど聞こえなかったりする状態。
- 知的障害：記憶，推理，判断などの知的機能の発達に有意な遅れがみられ，社会生活などへの適応が難しい状態。
- 肢体不自由：身体の動きに関する器官が病気やけがで損なわれ，歩行や筆記などの日常生活動作が困難な状態。
- 病弱・身体虚弱：病弱とは，慢性疾患などのため継続して医療や生活規制を必要とする状態。身体虚弱とは，病気にかかりやすいため継続して

4　文部科学省．"特別支援教育資料（平成28年度）"．http://www.mext.go.jp/a_menu/shotou/tokubetu/material/1386910.htm，（参照 2018-07-08）.

5　文部科学省．"学校基本調査－平成28年度結果の概要－"．http://www.mext.go.jp/b_menu/toukei/chousa01/kihon/kekka/k_detail/1375036.htm，（参照 2018-07-08）.

6　文部科学省．"通常の学級に在籍する発達障害の可能性のある特別な教育的支援を必要とする児童生徒に関する調査結果について"．http://www.mext.go.jp/a_menu/shotou/tokubetu/material/1328729.htm，（参照 2018-07-08）.

7　学校教育法72条，81条，学校教育法施行規則140条。以下のウェブページも参照。文部科学省．"4．それぞれの障害に配慮した教育"．http://www.mext.go.jp/a_menu/shotou/tokubetu/004.htm，（参照 2018-07-08）.

生活規制を必要とする状態。

- 言語障害：発音が不明瞭であったり，話し言葉のリズムがスムーズでなかったりするため，話し言葉によるコミュニケーションが円滑に進まない状況であること，また，そのため本人が引け目を感じるなど社会生活上不都合な状態。
- 自閉症・情緒障害：情緒の現れ方が偏っていたり，その現れ方が激しかったりする状態を自分の意志ではコントロールできないことが継続し，学校生活や社会生活に支障となる状態。
- 学習障害（LD），注意欠陥多動性障害（ADHD）：LDとは，知的発達の遅れは見られないが，特定の能力に著しい困難を示すもの。ADHDとは，発達段階に不釣り合いな注意力や衝動性，多動性を特徴とする行動の障害。両者ともに脳などの中枢神経系に何らかの機能障害があると推定され，発達障害に分類される。

2．特別な支援が必要な児童生徒と学校図書館

　特別支援教育を受ける児童生徒のうち，特別支援学級に在籍する児童生徒，および通級による指導を受ける児童生徒は，通う学校の図書館を利用することになる。学校図書館法が「学校には，学校図書館を設けなければならない」と規定しているため（3条），小中高校だけでなく，特別支援学校の小学部，中学部，高等部にも学校図書館が設置される。

　ところが，特別支援学校において学校図書館が未設置の場合が少なからずある実態を明らかにした報告が複数ある。本章脚注8の2014年の文献では設置率が87.6%（すなわち未設置率が12.4%），2008年の文献では設置率が89.1%（すなわち未設置率が10.9%）であった。「学校図書館の未設置は，法令違反の状態であり，全校種で100%になるよう，早急な対応が必要である[8]」と調査者は指摘している（2014年の文献）。

　一般に，児童生徒の障害やニーズに応じた学校図書館資料には，以下のようなものがある。以下は一例であり，ある障害に対して紹介した資料が，別の障

害のある児童生徒にも有益な場合もありうる。点字図書や録音図書などの全国最大の書誌データベースに「サピエ図書館」がある[9]。また，全国の図書館などで製作された障害者向け資料の書誌・所蔵情報を収集した「点字図書・録音図書全国総合目録」を国立国会図書館が作成し，国立国会図書館サーチ（障害者向け資料検索）を通じて提供している[10]。

- 視覚障害に対して：点字図書，拡大図書，録音図書，DAISY（Digital Accessible Information System. 活字による読書が困難な人のための国際的なデジタル録音資料製作システム），さわる絵本（視覚障害児が触覚で鑑賞できるように，絵本を原本にして，布や皮革，毛糸などの素材を用いて，台紙に絵の部分を半立体的に貼りつけ，文の部分を点字と墨字［点字に対して，普通に書かれた文字］にした図書[11]）
- 聴覚障害に対して：字幕や手話入りの映像資料
- 肢体不自由に対して：布の絵本（厚地の台布に，絵の部分をアップリケし，マジックテープやスナップ，ボタン，ファスナー，紐で留めたり，外したり，結んだりできるようにし，文の部分を手書きした，絵本と遊具の性質を兼ね備えた手作り図書[12]）
- 知的障害，学習障害に対して：布の絵本，マルチメディア DAISY（音声だけでなく，音声の部分のテキストや画像などがシンクロナイズ（同期）して出力される（＝音声を聞きながら同時にテキストや画像を見ることができる）デ

---

8 野口武悟「特別支援学校における学校図書館の現状（1）：施設と経営体制を中心に」『学校図書館』2014年，no. 765，p. 45-49.
野口武悟「特別支援学校における学校図書館のいま（1）：施設・設備と運営体制の現状と課題を中心に」『学校図書館』2008年，no. 697，p. 73-76.
9 サピエ．"サピエ図書館"．https://library.sapie.or.jp/cgi-bin/CN1MN1?S00101=S00MNU01&S00102=1nPRnRyvF!I&S00103=JStYlt5l3d，（参照 2018-07-08）.
10 国立国会図書館．"国立国会図書館サーチ 障害者向け資料検索"．http://iss.ndl.go.jp/#search-handicapped，（参照 2018-07-08）.
11 日本図書館情報学会用語辞典編集委員会編『図書館情報学用語辞典』第4版，丸善出版，2013年，p. 86-87.
12 日本図書館情報学会用語辞典編集委員会編『図書館情報学用語辞典』第4版，丸善出版，2013年，p. 193.

ジタル図書)，おもちゃ，LL ブック（知的障害，学習障害などのために通常の活字での読書が困難な人にも理解できるよう，図や写真を多く使うなどの工夫をした，分かりやすく，読みやすい資料。名称はスウェーデン語の「やさしく読める」に由来する）

また，視覚障害や，識字障害を伴う学習障害のある児童生徒には，読み聞かせやストーリーテリング，対面朗読（視覚などに障害を持つために自力で資料などを読むことが困難な人に対し，その要望に応じて資料を読んだり，代筆を行うサービス[13]）などが，聴覚障害のある児童生徒には手話を取り入れた読み聞かせやストーリーテリングが効果的な場合があろう。特別な支援が必要な児童生徒へのサービスを充実させるためには，学校司書を含む図書館スタッフが特別支援教育への理解を深めることや，バリアフリーの施設・設備を整備することも必要だろう。

特別な支援が必要な児童生徒と学校図書館に関する話題をさらに解説しておく。まず，障害を理由とする差別の解消の推進に関する法律（通称：障害者差別解消法）が2013年に制定，2016 年 4 月に施行されたことについて述べる。

同法は，国の行政機関や地方公共団体等および民間事業者による「障害を理由とする差別」の禁止などについて定めている。教育，医療，公共交通など，幅広い分野を対象とし，学校図書館にも大きくかかわる。国の行政機関，独立行政法人等，地方公共団体および地方独立行政法人を「行政機関等」（2条3号），商業その他の事業を行う者を「事業者」としている（同7号）。国公立学校は行政機関等に，私立学校は事業者に含まれる。

障害者が日常生活または社会生活において受ける制限は，心身の機能の障害のみに起因するものではなく，社会におけるさまざまな障壁（社会的障壁）から生ずるという考え方を同法は踏まえている。

手短に説明すれば，障害者から求めがあった場合，負担が過重でないときは，社会的障壁を除去するため，必要かつ合理的な配慮を行政機関等はしなけ

13　図書館用語辞典編集委員会編『最新図書館用語大辞典』柏書房，2004年，p. 305.

ればならない（7条2項）。事業者については「合理的な配慮をするように努めなければならない」と定めており，努力義務である（8条2項）。日本図書館協会障害者サービス委員会は，「図書館における障害を理由とする差別の解消の推進に関するガイドライン」（学校図書館に限らずあらゆる図書館を対象にしたガイドライン）の中で，合理的配慮の例として，「物理的環境への配慮（段差・階段で車いすを持ち上げる，高い書棚にある資料を取って渡す，通路の障害物を取り除く，施設設備の簡易な改修等）」などを挙げている[14]。また，行政機関等および事業者は，社会的障壁を除去するための必要かつ合理的な配慮を的確に行うため，施設の構造の改善，設備の整備，関係職員に対する研修など，環境の整備に努めなければならない（5条）。

全国 SLA が全国の小中高校1,164校に行った2016年の調査では，「この4月1日より障害者差別解消法が施行されていますが，あなたの学校の学校図書館ではどのような取り組みをする必要があると思いますか」という質問に対し，「色の使い方の工夫」，「照明を明るく」，「書架を低く」，「書架の間隔を広げる」，「点字資料の用意」，「拡大文字の資料の導入」といった項目が上位に入った[15]。

なお，障害者差別解消法については，筆者の別の著作で詳しく解説した。関心のある読者は参照してほしい[16]。

また，特別な支援が必要な児童生徒と学校図書館に関するほかの話題として，著作権法の障害者サービス関連規定がある。

同法37条（視覚障害者等のための複製等）や，37条の2（聴覚障害者等のための複製等）などでは「視覚障害者等」，「聴覚障害者等」という言葉を用いている。「等」にはディスレクシア（学習障害の一種で，識字障害，読字障害などともいう）など，文字情報または音声情報の理解が困難な者が含まれる。

14　日本図書館協会．"図書館における障害を理由とする差別の推進に関するガイドライン"．http://www.jla.or.jp/portals/0/html/lsh/sabekai_guideline.html ，（参照 2018-07-08）．

15　全国 SLA 調査部「2016年度学校図書館調査報告」『学校図書館』2016年，no. 793, p. 43-67.

16　後藤敏行『図書館の法令と政策』2016年増補版，樹村房，2016年，p. 71-83.

　公表された著作物は点字により複製することができる（37条 1 項）。すなわち，営利企業でも，ボランティアでも，そして図書館でも，誰でも公表された著作物を点訳できる。また，デジタル形式の点字データを製作・流通させることも基本的に自由である（同 2 項）。

　録音資料や拡大図書などについては，点字図書館などだけでなく，大学図書館，国立国会図書館，公共図書館，そして学校図書館にも製作（この場合の製作とは，著作権法37 条 3 項の表現を使えば，公表された著作物を「文字を音声にすることその他［中略］により，複製」すること）や貸出，譲渡，自動公衆送信が認められている（37条 3 項，38条 4 項，47条の10，著作権法施行令 2 条）。かつ，録音資料などの翻訳，変形または翻案が43条 4 号で認められているため，それらをマルチメディア DAISY などに変換することも可能である。

　ただし以上述べたことは，同じことを著作権者がすでに行って市場に流通させているような場合，著作権者の許諾なしにはできない（37条 3 項ただし書）。著作権者の経済的利益に配慮した規定である。

　37条 3 項に基づいて図書館がサービスを提供する際の指針として，権利者団体との協議に基づき，図書館関係 5 団体が「図書館の障害者サービスにおける著作権法第37条第 3 項に基づく著作物の複製等に関するガイドライン」を発表している[17]。

　また，聴覚障害者等に貸し出すために，ビデオなどに字幕スーパーや手話の映像を付加することも学校図書館に認められている（37条の 2 第 2 号，著作権法施行令 2 条の 2 第 1 項 2 号）。ただし貸出には補償金の支払いが必要である（38条 5 項）。また，録音資料や拡大図書などの場合と同様，字幕スーパーや手話の映像を付加したビデオなどを著作権者がすでに製作して市場に流通させているような場合，著作権者の許諾なしに同じことはできない（37条の 2 ただし書）。

　以上を要約すると，学校図書館は，公表された著作物を点字にしたり，録音資料や拡大図書にしたり，録音資料などをもとにマルチメディア DAISY を

17　日本図書館協会．"図書館の障害者サービスにおける著作権法第37条第 3 項に基づく著作物の複製等に関するガイドライン"．https://www.jla.or.jp/portals/0/html/20100218. html，（参照 2018-07-08）．

作ったり，ビデオなどを貸し出すために字幕スーパーや手話の映像を付加したりすることなどができる。法律上認められているといっても，予算や人員の制約上，これらを十分に行うことが難しい実情があるかもしれないが（例えば，特別支援学校の現状について，「ボランティアの支援によって支えられているのが視覚障害特別支援学校の学校図書館の実態であり，ボランティアの存在なくしては学校図書館の活動は成り立たない」と指摘する文献もある[18]），視覚障害や聴覚障害などのある児童生徒向けの資料をできる限り充実させたい。

　特別な支援が必要な児童生徒と学校図書館に関する話題をさらに提起しておく。特別支援教育を受ける児童生徒と学校図書館に関してこれまで本章で解説してきた。ところが，本章のタイトルには「特別の支援を必要とする児童生徒」とあり，これは特別支援教育を受ける児童生徒にとどまらない。野口は，対応ができている学校図書館はまだ少数であり，できることから取り組んでいく必要があるという趣旨のことを述べたうえで，外国人児童生徒への支援，および帰国児童生徒への支援，さらには夜間中学の実態を把握することの必要などを指摘している[19]。

3. 現場からの報告

　本書の取材協力者の中で，特別支援学級が勤務校にあるのは相澤氏であった。また，「おはなしの会うさぎ」という特色のある活動をしている，東京都立墨東特別支援学校の小滝義浩副校長，生井恭子主任教諭にお話を伺った。本章を補強し，現場の一端をうかがい知るために，以下をぜひ参考にしてほしい。

18　野口武悟，前田稔編著『学校経営と学校図書館』改訂新版，放送大学教育振興会，2017年，p. 200.
19　野口武悟「第4節特別な支援を必要とする児童生徒への支援」（全国学校図書館協議会監修『司書教諭・学校司書のための学校図書館必携：理論と実践』改訂版，悠光堂，2017年，p. 192-199）

（1）特別支援学級の一例

　勤務校には特別支援学級があります。自閉症・情緒障害などのある児童が主に在籍しています。担任の先生が2人，補助員が2人おりまして，普段は児童ごとに学習を進めています。でも，図書の時間はみんな一斉に来ます。私は本の読み聞かせをしたり，ちょっとした本の紹介をしたりします。その後は，児童が自由に本を選んだり，読んだりする時間です。

　読み聞かせの際に何を読んだらいいか，勤務校に着任した当時は知識がありませんでした。「発達段階には個人差があるので，誰にでも理解できる分かりやすいものを選ぶとよいと思います」というアドバイスを頂きました。いちばん理解ができる児童には物足りないかもしれませんが，全体に対して読み聞かせをしているので，難しいところです。

　上のアドバイスのほかにも，読み聞かせや本の紹介を全体に対して行うことを前提に，どうしたらみんなが興味を持ってくれるかを考えます。やっぱり，「彼ら・彼女らが興味があること」に行き着きます。例えば学校行事や季節のこと，身近な校庭にいる虫のこと。事前に，担任の先生にテーマを相談するようにもしています。

　大型絵本にとても興味を示してくれます。視覚的に，「本が大きい！」ということにすごく反応してくれるのですね。勤務校にあるものだけでなく，外部からも借りて，大型絵本をフル活用しています。

　読み方が上手な児童がいたので，「あの児童に，読み聞かせをさせてみませんか」と提案しました。私が当初思っていたよりも，練習などの準備の時間が多く必要でしたが，それでも，大型絵本の読み聞かせが実現したあとで，「次の学期は違う児童にやらせてみます」って担任の先生が言ってくださり，新しい取り組みとして続けていけそうです。児童自身が読み聞かせをすることで，自信を持ってもらいたい思いもあるので，今後も様子を見ていきたい試みのひとつです。

　ほかには，ゆっくりしゃべったり，丁寧に問いかけたり，その他，しぐさをオーバーにすることも意識しています。

——上と話題が重複するかもしれませんが，通常学級と比較した場合，学級の児童たちに特徴的なニーズや反応は？

「音のような言葉」や「リズム感のある言葉」，「シンプルな言葉の繰り返し」でとても盛り上がります。例えば『へんしんトンネル』（金の星社，2002年）のシンプルな言葉。河童が「かっぱかっぱかっぱ」とつぶやきながらトンネルをくぐると「ぱかっぱかっぱかっ」になって馬になった，のような描写に大興奮しますね。

ちっちゃい本をはじめに出して，「今日はこの本を読もうと思うけれども，ちょっとこれちっちゃいかな？大きくしてみるからちょっと目つぶってて」とか言って，「呪文をかけるからね」みたいなことをして大きくすると（気づかれないようこっそり，大きな本に取り替えると），「えー！」って驚くんですね。それを一度やって，もう一度別のときにやったら，まだ信じてくれるんですね。そのやり取り自体が児童は本当に大好きみたいで，私自身も楽しんでしまいます。

東京都では，オリンピック・パラリンピックに関する調べ学習を今後することになっています。「特別支援学級の児童も，図書館で本を読むだけじゃなくて，何かを見つけたり，調べたりできませんかね？」って今提案しているところで，「児童は国旗に興味を持っているから，国当てゲームのようなことはどうでしょう？」と聞いてみたら，「それならできるかもしれない」という話が出はじめています。

私の理解と，専門的な知識を持った担任の先生の理解とズレがある場合もあるので，先生と話をしながら進める必要があると思います。

（2）東京都立墨東特別支援学校の取り組み：「おはなしの会 うさぎ」

東京都立墨東特別支援学校では，外部から協力者を招き，お話や読み聞かせなどを楽しむ「おはなしの会 うさぎ」（以下「おはなしの会」）という活動を行っている。本項では，その活動や，墨東特別支援学校および特別支援教育の現状などについて，本書の取材協力者（副校長の小滝氏，主任教諭の生井氏）の発言を記す。おはなしの会の風景は写真撮影が認められなかったが，その他の，墨東

写真8-1　小滝副校長，生井主任教諭

特別支援学校の学校図書館に関する写真も複数掲載する。

——墨東特別支援学校様には，どのような障害がある児童生徒が在籍していますか？

小滝　本校には肢体不自由教育部門と病弱教育部門があります。2つの部門がありますが，数で言うと，肢体不自由のほうが圧倒的に多いです。2017年現在，本校の児童生徒189人のうち，170人の児童生徒が肢体不自由教育部門で勉強しています。ほぼ9割ですね。その170人の児童生徒のうち，学年相当の学習をできるのは，1割もいません。ほとんどが，知的にも障害を併せ有しています。視覚障害や聴覚障害も併せ有する児童生徒も多いです。小学校や中学校の特別支援学級に通ったり，通級による指導を受ける児童生徒よりも，障害が重たい方が特別支援学校に来ます。

　障害の重さで，教育課程を3つに分けています。まずひとつは，いちばん障害が重たい児童生徒たちの，自立活動（個々の児童生徒が自立をめざし，障害による学習上，生活上の困難を主体的に改善・克服しようとする取り組みを促す教育活動[20]）を主とする教育課程です。授業の大半は，国語や数学など

ではなく自立活動です。

　次に障害が重たい児童生徒たちには，知的障害を併せ有する児童生徒の教育課程ということで，各教科を分けずに，一部または全部を合わせて指導を行う形態の授業[21]を行っています。例えば，国語と数学を合わせて，というふうにです。将来に向けた作業学習も行います。自立活動の割合は少し減ります。

　最後に，比較的障害の軽い児童生徒の教育課程が，いわゆる「準ずる教育課程」です。準ずるっていうのは，「小学校に準ずる，中学校に準ずる，高等学校に準ずる」ということを意味しており，学年相当の教科書を使って勉強しています。ただ先ほども申し上げたとおり，本校では１割もいません[22]。

——肢体不自由，病弱とは，具体的にはどういった状態でしょうか？
小滝　肢体不自由教育部門の児童生徒は，車椅子に乗っていたり，杖をついて歩いてたり。あるいは，半身だけ麻痺していたり，歩けるんだけど上半身が麻痺していたり。そういうような，身体機能の障害がある方です。先天性の方が多いです。事故や，進行性の病気による方もいます。

　病弱教育部門は，本校の児童生徒ではあるんですが，病院に入院してるお子さんたちを対象にするものです。本校の病弱教育部門の学区域は，東京23区のうち７つの区にまたがっています。それらの区には大学病院などがたくさんあります。そちらに入院しているお子さんたち。つまり，小学

20　文部科学省．"特別支援学校学習指導要領解説 自立活動編"．http://www.mext.go.jp/component/a_menu/education/micro_detail/__icsFiles/afieldfile/2009/06/18/1278525.pdf，（参照 2018-07-08）.

21　和歌山県教育センター学びの丘．"特別支援学級担任の手引き"．http://www.wakayama-edc.big-u.jp/tokusi/sse_hb02.pdf，（参照 2018-07-08）.

22　以下のウェブページも「準ずる教育とは」について解説しており，読者の参考になると思われるため，挙げておく。
　　北海道立特別支援教育センター．"第３章 聾学校の教育課程に関する考え方"．http://www.tokucen.hokkaido-c.ed.jp/?action=cabinet_action_main_download&block_id=209&room_id=1&cabinet_id=4&file_id=542&upload_id=1200，（参照 2018-07-08）.

校や中学校，高等学校に通っていた児童生徒が，そうした病院に入院して学校に通えなくなった場合，本校に転学・編入学すると，教育を受けることができます。治療が終わって退院したら，元の学校（前籍校）に戻るんです。

──入院中は，通信教育みたいなやり方になるのでしょうか？

小滝　いえ，訪問教育です。教員が出向きます。

生井　児童生徒は，病院内の教室やベッドサイドで，前籍校の教科書を使って勉強します。

──どのような疾患が多いのでしょうか？

生井　本校で多いのは白血病などのがんですね。

小滝　全国的には精神疾患や心身症が多いです[23]。

──なるほど。それでは，墨東特別支援学校様に関する基本的な情報をお伺いできましたので，早速ですが，学校図書館が関連する内容に入りたいと思います。墨東特別支援学校様のおはなしの会についてお聞かせくださいますか？

23　「平成29年度全国病弱虚弱教育に関する病類調査」［CD-ROM］2018年．
上の調査は，全国病弱虚弱教育研究連盟（全病連）と国立特別支援教育総合研究所が連名で，隔年で行っているものである。全病連の機関誌『病弱虚弱教育』はCD-ROMで配布されるが，第58号が入っているものと同じCD-ROMに，上の調査結果も収められている。このCD-ROMは会員のみに配布されており，非会員は閲覧しづらい。参考までに，本書執筆時点で最新のデータではないものの，インターネット上で閲覧できる，以下の文献を紹介しておく。
深草瑞世，森山貴史，新平鎮博「精神疾患及び心身症のある児童生徒の教育に関連した疫学的検討：全国病弱虚弱教育研究連盟の病類調査報告を含む」『国立特別支援教育総合研究所ジャーナル』2017年，no. 6，p. 12-17. https://www.nise.go.jp/cms/resources/content/13006/j6-05houkoku-fukakusa.pdf，（参照 2018-07-08）.
日下奈緒美「平成25年度全国病類調査にみる病弱教育の現状と課題」『国立特別支援教育総合研究所研究紀要』2015年，vol. 42, p. 13-25. https://www.nise.go.jp/cms/resources/content/10144/20150312-142734.pdf，（参照 2018-07-08）.

生井　この活動が始まったのが，2012年度。その年度に，墨東特別支援学校は東京都の言語能力向上拠点校（本書第7章コラム）に指定されました。手を挙げた学校に，東京都教育委員会が予算をつけて，児童生徒の言語能力やコミュニケーションを豊かにするための研究をしてくださいっていうことになったんです。

　本校は障害の重い児童生徒が主たる対象です。「本校で言語能力向上というと，どんなことが該当するのかな」と考えました。私は前職が公共図書館でしたので，私にできるのは読書活動と図書館の充実なのかしら，と考えました。管理職と相談をして，「生井先生は図書館を担当してください」ということになりました。

　まず，誰もが行きやすくて，教室移動の際の，行き帰りの途中でも本が見られる，読めるっていうスペースを作ったらどうか，というところからスタートしました。防災上の問題がないことも確認して，校舎の1階や2階に図書コーナーを作りました。

写真8-2　図書コーナーの風景（1）

写真8-3　図書コーナーの風景（2）

写真8-4　図書コーナーの風景（3）

　予算はついていますから，新しい本をどんどん買いました。けれども，選書を担当してくれる学校司書はいませんので，選書はかなり大変でした。それでも，いわゆる基本書から新作までを買いそろえていきました。新しい本，綺麗な本は児童生徒が喜びます。たくさん借り出されるようになりました。

　その後，本校の学校図書館を3階から1階に移動しました。従来，図書館は3階の高等部の教室と「抱き合わせ」でした。一方，小学部は生活のスペースが1階です。図書館が3階にあると，移動するだけで時間切れになってしまい，小学部の児童たちは通えませんでした。1階に移動することで，どの学年の児童生徒もアクセスしやすくなりました。

　図書館を1階にただ置くだけでは，「ハードがあってもソフトがない」状態です。本を開いて読むことを自分ひとりでできない児童生徒も多いです。そこで，図書館での活動におはなしの会を加えて，楽しい時間，お話や言葉の世界にひたる時間を作ったらどうかということになりました。

　あれよあれよという間に，月に1回だったのが，月2回，3回くらいまででおはなしの会の活動が増えました。今年度（2017年度）で6年目を迎えているところです。

——おはなしの会の活動は，いわゆる読み聞かせのことですか？
生井　それよりも広いです。障害の重い児童生徒は，手遊び，わらべ歌，読み聞かせ，紙芝居などですね。準ずる教育課程の児童生徒にはアニマシオン（スペインのマリア・モンセラット・サルト（María Montserrat Sarto）氏が開発した，子どもたちに読書の楽しさを伝え，読む力を引き出すために，わざと間違えて読み，間違いを発見させるゲームなど，75の方法から成る読書指導法。読書のアニマシオン，読書へのアニマシオンとも）とブックトークをしています。

——おはなしの会の頻度は？　また，小学部だけを対象にしているのでしょうか？
生井　月に2〜3回です。小学部だけでなく，全学部・全学年を対象にし

写真8-5 学校図書館の風景。座ったり，寝転んだりできるマットもある。もともとは普通教室であり，教室を仕切って使用するためのカーテンレールも見て取れる

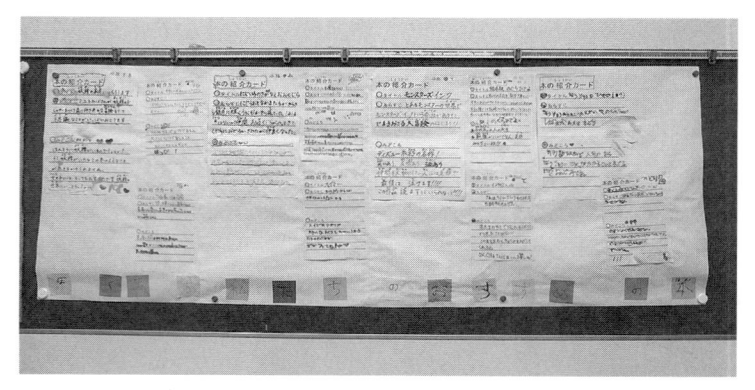

写真8-6 児童生徒による学校図書館内の掲示物

写真8-7　回転式書架。ビニールに入っ
た，パネルシアター[24]（購入し
たものおよび教員が作成したも
の）などが配備されている

ています。本校は，児童生徒の実態に応じた教育課程ごとにグループに分かれて学習していますが，おはなしの会もグループ単位で実施しています。参加は義務ではなく希望制です。現在，参加希望が多く，時間割を組むのが大変なくらいです。

　マットの上でごろんとしながらとか，車いすに乗りながらとか，それぞれのスタイルに合わせて，外部の協力者の方々がぬいぐるみで演じる「うさぎさん」たちがおはなしの会を展開をしてくれます。

24　白や黒の起毛した布地を張った60×100cm 程度のパネル（舞台）に，不織布で作った人形や背景の絵を貼ったり外したり移動したりしながら物語を演じる人形劇（日本図書館情報学会用語辞典編集委員会編『図書館情報学用語辞典』第 4 版，丸善出版，2013年，p. 200）。

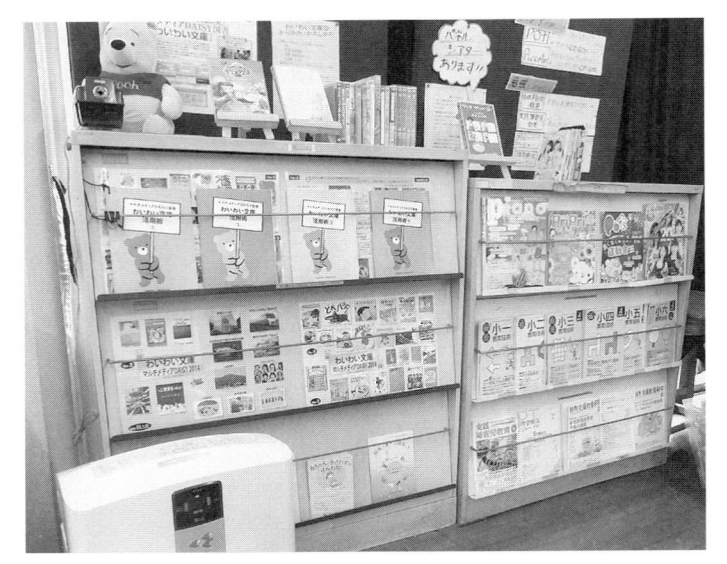

写真8-8　教員用の教育誌や情報誌などが配架されている，学校図書館内の書架

——おはなしの会では，児童生徒からはどういった反応が？

生井　よく聞いてます，本当に。何て言えばよいんでしょう。嫌いではなかったけども，われわれがそれに気づかなかったのかなという感じがしています。

　やればやるほど，表情が良くなり，笑顔が出て……。ワクワクしたような表情を出すんですね。障害が重度の児童生徒でもそうです。『おはなし会がはじまるよ！』[25]にも書きましたが，手もみ動作をする症状がある子がいました。普段，彼女はなかなか手が離れないんですけど，おはなしの会のときは，パアっと手が離れて本を手に取る。

　別の児童の場合，読み終わったあとに，本をパンって叩いたんだそうです。おはなしの会をした人が「この本は嫌いだったのかな？気にいらな

25　荒木たくみ［ほか］『おはなし会がはじまるよ！：特別支援学校での図書館活動』おはなしの会うさぎ，2017年，60p.

かったのかな？」って一瞬思ったら，そうではなく，好きだって。「気に
いったよ」の合図がそれだったと。

　あとは，目が見えていないんじゃないかって言われていた子が，本の絵
を追うとか。読み手が本を開くと，その子の視線がちゃんとそこで止まる
とか。そういうことを目の当たりにすることがあります。

　一人ひとり反応の仕方，表し方が違うっていうことが分かりますし，教
員や親にいつも見せているもの以外のものを見せるということに改めて気
づく，と複数の先生が言っていますね。「あの子はこんな表情もするんだ
よ」とか。

――「おはなしの会を通じて，普段は見せない表情などを児童生徒が示す
ことに，教員の側が気づく」ということですか？
生井　そうです。

　関連する話題ですが，東京都が「第三次東京都子供読書活動推進計画」
というものを出しています[26]。その中で，特別な支援を必要とする児童生
徒にも言及しています。「電子媒体を活用した図書の開発や活用を」とい
う趣旨のことが書いてあります。「紙の本のページをめくれない児童生徒
も，電子媒体を活用した図書があれば問題が解決する」と書いてあるよう
に感じてしまいます。でも，問題はそれ以前のところにあるんです。

　「本のページをめくれる・めくれない」，「本のページをめくれないから
電子図書でタッチして操作」じゃないんですよ。「人の声に反応できるか
どうか」，「それを表情や，ちょっとの指の動きで示せるかどうか」，「あ，

26　東京都教育委員会．"東京都子供読書活動推進計画"．http://kodomo-dokusho.metro.
tokyo.jp/keikaku/，（参照 2018-07-08）．
　2001年に制定された子どもの読書活動の推進に関する法律（通称：子どもの読書活動推進
法，子どもの読書推進法）で，都道府県・市町村は，都道府県における子どもの読書活動
の推進に関する施策についての計画（「都道府県子ども読書活動推進計画」），市町村にお
ける子どもの読書活動の推進に関する施策についての計画（「市町村子ども読書活動推進
計画」）をそれぞれ策定するよう努めなければならない（9条1項，同2項）と定められ
ている。
　後藤敏行『図書館の法令と政策』2016年増補版，樹村房，2016年，p. 43-46.

表情変わったね，今まばたきしたね。この子の場合，これは楽しいってことだよね」という段階の児童生徒が多いんです。電子図書を持ってくれば問題がすべて解決するわけではありません。

小滝　本校は，本当に障害が最重度の児童生徒ばかりで，音声によるコミュニケーションが取れない児童生徒のほうが圧倒的に多数です。教材も，小学校の低学年なんかは，絵本になります。絵本の使い方も，自分で読める児童はほとんどいないわけなので，誰かが読んであげないといけない。

　そうすると，読んで聞かせることを通じて，読み手と児童生徒がコミュニケーションを図る，という側面が強く出てきます。

生井　絵本を教材にした場合，ある1冊の本をけっこうな期間読むんですよ。3か月くらい読み続ける児童もいます。

小滝　それは，いろんな意味があります。例えば，絵本そのものが気に入ることもあるでしょうし，絵本を読んでくれる先生を独占することが楽しいっていう児童もいると思います。

——おはなしの会のほかにも，墨東特別支援学校様では，学校図書館でどのような活動をしているか，伺えますか？

生井　高等部の，コミュニケーションが比較的取れる生徒たちの学習グループが，図書館に来て，掃除や図書の返却をしたり，それから掲示物のたぐいを自分たちで考えて作ってくれています。

小滝　小中高校だと，図書委員だとか，児童生徒がみずからやるのでしょうが，本校の場合はなかなかそれが難しいです。だけど，やはり児童生徒が何らかの形で図書館を支えるようなことができないかな，という方向で教員がバックアップをしています。

生井　そうですね。手に麻痺があったり，移動が車椅子だったりするので，児童生徒はそんなにたくさんのことはできません。でも，「学校図書館に通って何かをする」っていうのは，彼ら・彼女らの意識の中にちゃんと入っています。先ほど申し上げたことや，それから，学校に届いた雑誌を取りに来て，図書館に入れるとか。そういうちょっとした細かい作業を

やってくれていますね。

　図書館が関連する話題としては，おはなしの会のほかにも，NIE（Newspaper In Education（教育に新聞を）：学校での学習や授業に新聞を生きた教材として活用することを意図した教育運動[27]）を，もう6年間しています。あとは，DAISY やマルチメディア DAISY を使って学習したり。昨年度（2016年度）は，伊藤忠記念財団と協働して，マルチメディア DAISY で百人一首を作りました。本校をはじめ，特別支援学校の子どもたちが音声を担当して，絵柄は都立高校の生徒さんが。分担して作りました。

——本書は，学校図書館による読書支援だけでなく，学習支援についても述べています。そちらについては？

生井　小滝先生がお話しましたとおり，自分で課題を見つけて，調べてまとめるっていう学習ができる児童生徒はほんの一握りです。本校で「調べ学習に使える本をたくさんそろえる」のは現実的ではないのが実情です。ただ，本が文字どおりゼロでは困るので，予算内で，要望があったものはなるべく購入するようにはしています。インターネットだけじゃなくて本も使うっていう点も，教えています。

小滝　教員の側としては，本をそろえるときに，「多分こういうのがあるとよいんだろうな」と，先読みしてそろえていくようにはしています。

生井　そうですね。原則的に，特別支援学校の教員は，特別支援学校の教員の免許状と，特別支援学校の各部に相当する学校の教員の免許状を両方持っています。私は小学校の教員の免許を持っています。例えば，社会科では何年生ぐらいでどういう単元をするということが分かりますので，「こういう本が欲しいだろうな」と思った場合は購入しています。

——病弱教育部門の児童生徒さんたちは，学校図書館と何かかかわることはありますか？

27　岩内亮一ほか編『教育学用語辞典』第4版（改訂版），学文社，2010年，p. 14.

小滝 病院の中にスペースがあるかどうかが大きいです。病院によっては，教室を貸してくださり，わずかながらですが本棚に本を用意してあります。教室に来て勉強をする際，その本を使う場合があります。

入院しているお子さんたちが外に出かけることはなかなかできません。新しい本を教員が持ち込んで，病院の教室の本を入れ替えています。

生井 ただ，プリント1枚でも使う前に消毒しなければならない病院もあります。なので，公共図書館の本など，外部から本を持ち込むのが簡単ではないケースもあります。

小滝 どうしてもっていう場合は，使う箇所をコピーして，ラミネート加工をします。そうすれば消毒液をかけても大丈夫です。そういった工夫をしてますね。

——入院している児童生徒は，読書欲や，「こういうものを読みたがる」など，傾向はありますか？

小滝 外で遊ぶことができないから，何かそれに代わるものっていう要求はすごく高いです。病院によってはインターネットを使える環境もありますが，本への欲求もあります。

小学校の低学年の児童は，「本読んで」みたいに言ってきます。ある意味で，入院していると幼くなります。

生井 幼くなりますね。甘えん坊になる。

小滝 やっぱり治療はつらいので。なおかつお家にも帰れません。兄弟や姉妹がいても，普通，感染症予防のため，病院の中に入れてもらえません。

——保護者の方から，学校図書館や読書に関して，要望や感想は寄せられますか？

小滝 障害の重たい児童生徒の場合，保護者の方は半ば諦めていたところもなくはないです。おはなしの会をうちの子にして何の意味があるんだろう，みたいな。

生井 そうですね。ただ，ここ2〜3年で変化が起きています。お家に学

校の本を持ち帰ったり，図書館に行ける環境があるお家に関しては，図書館に行って本を借りて，寝るときに子どもに読んで聞かせているとか。小学部から高等部までそういう変化が起きています。

　子どもの学習について，今日どんなだったとか，健康面も含めて書く，学校と保護者の連絡帳があります。その連絡帳に，おはなしの会でうさぎさんが来ました，こういうお話を聞きました，こんな表情をしていました，のようなことを書くと，保護者の方は喜びます。おはなしの会で出た本を保護者の方がお家で買ったり。

——学校司書が欲しいということを『おはなし会がはじまるよ！』でも述べておられます。その点や，その他の課題などは？

生井　おはなしの会は外部の方に来ていただき，開催しています。一方，学校図書館を守る，学校司書がいないんですよ。図書館を整備するのはかなり大変です。蔵書管理をするソフトも，特別支援学校は予算がなくて，買えないんですよ。第一，図書館がない学校もあります（本章2）。

小滝　全体的に教室が足りないんですよ。小学校，中学校さんは児童生徒の数が減ってきて，空き教室がある。あるいは学校そのものを統廃合している。一方，特別支援学校の児童生徒数は増えています。どんどん教室が不足してきています。本校も昔は普通教室は2階までで，3階は全部，理科室や美術室などの特別教室だったんです。でも児童生徒の数が増えちゃって，特別教室をいくつか潰して，3階も普通教室に転用するようになりました。

——仮に学校司書が来ることになった場合，どういったことをしてもらいたいですか？

小滝　現状，学校図書館の切り盛りを教員が行っています。やっぱり，それを学校司書にやってもらいたいですね。

生井　区の図書館との連携も取ってほしいです。

——学校図書館の切り盛りと仰いますと，具体的には？

生井 鍵を開けること，新聞ラックに新聞を入れること，蔵書の購入と管理。司書と教員の連携も取ってもらいたいです。

——「すごく先進的な何かをしてほしい」というお話ではなくて，現状では，毎朝鍵を開けることから始まるような，図書館を守ってくれる，管理してくれる人が欲しい，ということですね？

生井 そうです。現状では，そうした基礎すらないんです。

ただ，今年度から予算がついて，月2回程度，非常に安い対価ですが，図書館支援員が来てくださっています。現役の公共図書館の司書の方です。資料の整備や，例えば「NDCの4類（自然科学）の本が欲しいのですが」・と相談すると，どういうものがよいか調べてきてくれたり。児童生徒が図書館に来たときは，「こういう本があるよ」と紹介してくれたり。そういう方に来てくださっているので，今は少し楽になってます。都の特別支援学校では初のケースです。来学期に，本校でオリエンテーションをしてから，区の図書館に実際に行ってみる，という企画も出ています。

——おはなしの会について，お伺いしてきたことのほかに，「ここがポイントだ」，「こういう効果がある」など，気づいた点は？

小滝 おはなしの会に関しては，「場を設定する」っていうのがひとつの方法かなと思っています。つまり，教室で絵本を読むのもよいけれども，図書館に来て，改まった形で絵本を読むと，いつもと違う特別な印象を児童生徒は受けるのかなと思います。

図書館に来れば「ああ，本を読んでもらえるんだな」と感じるとも思います。知的にも障害を持っている児童生徒は，環境を変えることによって「ああ，ここはこういうことをする部屋だな」と分かるっていうことがありますので。

それから，おはなしの会を外部の方にお願いするっていうのは，先生たちだけじゃない，いろんな人とかかわりを持つ機会のひとつにもなりま

す。いろんな人とのかかわりを持ってほしいし。場合によっては，おはなしの会をしていただいている外部の方が，われわれ教員とは違った見方で児童生徒のことを見てくださっていることもあります。「おはなしの会のときは，この子はこうでしたよ」というふうに，新たな情報を仕入れることができるなら，すごく嬉しいですね。児童生徒の障害が重たければ重たいほど，「この子のあの行動は何だったんだろう？」と，われわれも行き詰まる可能性がありますから。

生井　おはなしの会をしてくださっている方々からは，終了後に毎回報告書が送られてきます。それを読んで，私たちも改めて何かに気づくこともあります。

——おはなしの会の今後については？

生井　この活動が東京都全域に広がるとは思わないですが，良い面があるのは事実です。障害のある児童生徒を理解するという意味で，きっかけになる活動かと思います。

　特別支援学校に関しては，先ほどお話した教室が不足してきている件など，いろいろな課題があります。メディアで話題に上ることもありますが，取り残されている部分も大きいです。いろいろな課題に気づいてもらえるチャンスにもなるかもしれません。

　おはなしの会も含めて，状況は少しづつ良くなってきていますが，「まだまだこれから」だと感じています。

学校司書をめざす人へ

　学校司書になることに関心のある人にとって，勤務時間（本書第3章コラム）や授業へのかかわり（本書第7章）など，参考になる情報が本書には載っているはずである。本書の最後に，さらに学習するための文献紹介や，求人に関する情報を述べておきたい。

1．さらに学習するための文献紹介

　学校司書として長年勤務した人が，経験や知見をもとに書いた図書が複数出版されている。小中高校どの学校司書だったかによって，スタンスや論調，内容が異なる。学校図書館と言っても，まるで，別々の図書館について書かれた印象すら受け，興味深い。

　本書では以下の4点を挙げる。①は小学校，②は中学校，③④は高等学校の学校司書経験者の手に成るものである。④→②→①→③の順が読みやすいように思う。ものによっては，2014年の学校図書館法改正（本書序文）より前であるなど，本書刊行時点とは状況が異なるころに書かれている点に留意してほしい。

　①福岡淳子『司書と先生がつくる学校図書館』玉川大学出版部，2015年，
　　311p.
　②村上恭子『学校図書館に司書がいたら：中学生の豊かな学びを支えるために』少年写真新聞社，2014年，175p.

　③高橋恵美子『学校司書という仕事』青弓社 , 2017年 , 189p.
　④成田康子『みんなでつくろう学校図書館』岩波書店 , 2012年 , 214p.

　学校図書館に関する概論的なものも紹介しておく。⑥では，統計を含め，学校図書館に関する基本的な文献を紹介した。本書で挙げている文献とともに参考にしてほしい。また，本書第1章でも述べたが，図書館とはそもそも何を目的とする機関か，学校図書館の理念と教育的意義，それらに関する全国組織や国際組織の文書，学校図書館に関する法律や教育行政，学校図書館の経営，および学校図書館サービスを担うスタッフなどについて論じてある。学校図書館サービスの背景を学ぶために，参考にしてほしい。

　⑤学校図書館問題研究会編『学校司書って、こんな仕事：学びと出会いを
　　ひろげる学校図書館』かもがわ出版 , 2014年 , 135p.
　⑥後藤敏行『学校図書館の基礎と実際』樹村房 , 2018年 , 156p.

　なお，「学校図書館 展示」や「学校図書館だより」など，本書の章節項の見出しをヒントにして AMAZON などを検索すると，学校図書館に関する各論的な書籍がヒットする。ひとつひとつを本書で挙げることはしないが，読者の関心や必要に応じて検索し，入手してほしい。

2．学校司書になるには

　以下，公立学校について述べる。私立学校の場合，学校ごとに採用を行っているが，大々的に募集するか縁故で採用するかは，学校によって異なる。また，以下は概略であり，本書執筆時点の情報を整理したものである。採用方法などが今後変更になる可能性もあるので，正確なところは各自治体の公式発表を確認してほしい。
　学校司書の雇用形態は，常勤の場合もあるが，非常勤であることのほうが多い（本書第3章3）。非常勤の学校司書については，自治体が広報誌やウェブサ

イトで求人を出すので，それらをこまめにチェックするとよい．4月からの採用の求人は1月ころに出る場合が多いが，欠員補充など，その都度募集が出るケースもある．学校図書館業務を企業に委託している自治体もある．その場合，受託企業のウェブサイトを確認するとよい．

本書の取材協力者とは別の方からの情報で，「学校司書はそもそも募集を探すのが難しい．Twitter で「われわれの館」というハッシュタグがありハローワーク等を元にした採用情報が頻繁に出ているが，ハローワークに行くとネットでは見つからない採用情報もある[1]」との指摘もある．

常勤の学校司書について次に述べる．学校司書のモデルカリキュラムが2016年に策定され（本書序文），学校司書の資格を取るための課程を開講する大学が徐々に増えている．しかし，本書刊行時点では「その動きが全国的に広まり，定着した」とまでは言えず，今後の動向が非常に注目される．

学校司書のモデルカリキュラムが作られる以前から，「公共図書館の専門的職員である，司書の資格を有する者や取得見込みの者に応募資格を限定して，司書の採用試験を行う．採用されると，県立図書館と県立高校の学校図書館を数年ごとに異動する」ような人事を行っている自治体が存在している．また，本書執筆時点で参照している情報の中には，職務内容に「県立学校で，司書業務に従事します」とだけ明記し，司書資格取得者または取得見込み者に限定して職員を募集した過去の例もある（新潟県）[2]．さらに，職務内容を「学校事務（学校図書館事務含む）」として，学校事務の試験区分で職員を募集しているケースもある．このケースでは，受験資格を満たせば，司書の資格がなくても受験できる．ただし，学校図書館に専任の学校司書ではなく，あくまで学校の事務職員の募集である（群馬県）[3]．

実習助手として教育職で人を採用し，学校図書館に配置する自治体もある．

1　後藤敏行『図書館員をめざす人へ』勉誠出版, 2016 年, p. 225.
2　新潟県人事委員会. " 平成28年度受験案内　新潟県職員採用試験（短大卒業程度・高校卒業程度）新潟県市町村立小中特別支援学校事務職員採用試験 ". http://www.pref.niigata.lg.jp/HTML_Top2/554/695/H28annai.pdf, (参照 2018-07-08).
3　群馬県人事委員会. " 平成30年度群馬県職員採用Ⅲ類（高校卒業程度）試験案内 ". http://www.pref.gunma.jp/contents/100068192.pdf, (参照 2018-07-08).

理科の実験助手や家庭科の助手と同じ採用枠なので，「学校図書館から理科の実験助手に異動になってしまった」，あるいは逆に，「本当は理科の実験助手になりたかったが学校図書館に配属になった」といった現場の声もあるようである。自分の働きたい自治体が，学校図書館への配置の可能性がある実習助手を募集しているかどうか，確認してもよいかもしれない。

　以上のような状況があるが，すべての自治体で同様なわけではなく，常勤の学校司書を採用していない場合もある。退職者数に合わせて採用数が決まるため，採用があるかどうかは試験年度によって異なる可能性もある（試験年度によっては採用がない可能性もある）。

　上の事情があるため，常勤（自治体の正規雇用）の学校司書をめざす読者には，次のことを勧めたい。

- 学校司書だけでなく，司書の資格も取得する。常勤の学校司書をめざす場合，現状では上記のように，司書資格取得者や取得見込みの者に応募資格を限定して自治体が行う採用試験にチャレンジすることになる可能性が高いからである（今後，「司書資格取得者。学校司書の資格も有するとなおよい」（もしくはその逆），「司書資格，学校司書資格いずれかの取得者」あるいは「司書資格，学校司書資格いずれも有すること」などのように受験資格が変化していくかどうか，動向が非常に注目される）。
- 自分の働きたい自治体が常勤の司書や学校司書を募集しているかを調べる。募集している場合は，採用試験の方法や試験内容などを調べ，対策を立てる。募集していない場合は，募集しているほかの自治体（実家から離れてしまうなど，当初の希望に合致しない場合もあるだろう）を受験するかどうか，検討する。なお，上の群馬県のようなケースもあるので，自分の働きたい自治体が常勤の司書や学校司書を募集していない場合でも，司書ではなく事務や行政などの試験区分で受験・採用後，学校図書館に何らかの形でかかわることができないかどうか，自治体の採用説明会で質問したり，問い合わせるなどして確認してもよい。

　以下，学校司書をめざす際に参考になりそうな拙著を挙げる。

　①は，学校司書のモデルカリキュラムが作られるよりも前のものだが，現職の司書教諭有資格者と学校司書（当時。本書とは別の方々）や，その他の館種の図書館員にインタビューを行っている。現場の声として参考になるはずである。「図書館員になるには」，「図書館員をめざす人に求められるものは何か」といった点を論じてもいる。

　②は，図書館職員採用試験の対策問題集である。取り扱い書店は，図書館情報メディア研究会のブログ（http://blog.livedoor.jp/libinfomedia/）を参照してほしい。

　③は，図書館に関する法制度や政策を論じたテクストであるが，図書館職員採用試験にも有用だと思われる。

　①後藤敏行『図書館員をめざす人へ』勉誠出版，2016 年，228p.
　②後藤敏行『図書館職員採用試験対策問題集司書もん』第 1 巻 - 第 3 巻．図書館情報メディア研究会，2014-2015年．
　③後藤敏行『図書館の法令と政策 』2016年増補版，樹村房，2016年，111p.

　演習問題

　上の「さらに学習するための文献紹介」で紹介した①〜⑥の中から1冊または複数冊を選び，本書と合わせて読んだうえで，「学校司書にできること」というテーマでレポートを書きなさい。レポートには副題をつけてもよい。字数や締め切りなどは，授業担当者が指定する。独学で本書を利用している場合は，2,000〜4,000字を目安にすること。

　大学の講義の課題として授業担当者がこのレポートを課す場合，大学図書館が①〜⑥を所蔵していない，または貸出中であることが予想される。その場合，自宅近隣の公共図書館などから借りるか，または，購入すること（学校司書に関する学習を進めるうえで有益なものを列挙しているので，購入しても損はないはずである）。

索　　引

以下の各用語について，主な箇所または初出の箇所を示す。

［著者紹介］

後藤敏行（ごとう・としゆき）
　1977年宮城県仙台市生まれ
　東北大学文学部 卒業
　東北大学大学院文学研究科 博士課程前期 修了
　筑波大学大学院図書館情報メディア研究科 博士後期課程 修了
　博士（図書館情報学）

　東北大学附属図書館（文部科学事務官，図書系職員），青森中央短期
　大学（専任講師）を経て，日本女子大学家政学部家政経済学科 准教
　授（2018年現在）

【主著】
　『学校図書館の基礎と実際』（樹村房，2018年）
　『図書館の法令と政策』（樹村房，2015年初版，2016年増補版）
　『図書館員をめざす人へ』（勉誠出版，2016年）
　その他，単著，共著，論文多数

学校図書館サービス論 現場からの報告

2018年11月9日　初版第1刷発行

〈検印省略〉

著　者 © 　後　藤　敏　行
発　行　者　　大　塚　栄　一

発　行　所　株式会社　樹村房
　　　　　　　　　　JUSONBO
〒112-0002
東京都文京区小石川5-11-7
電　話　　　03-3868-7321
ＦＡＸ　　　03-6801-5202
振　替　　　00190-3-93169
http://www.jusonbo.co.jp/

印刷・製本　亜細亜印刷株式会社

ISBN978-4-88367-299-8　　乱丁・落丁本は小社にてお取り替えいたします。